LES
FEMMES

PAR

ALPHONSE KARR

NOUVELLE ÉDITION

PARIS

MICHEL LÉVY FRÈRES, LIBRAIRES-ÉDITEURS

RUE VIVIENNE, 2 BIS

—

1860

Tous droits réservés

COLLECTION MICHEL LÉVY

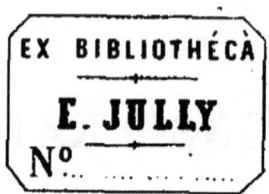

OEUVRES COMPLÈTES
D'ALPHONSE KARR

ŒUVRES
D'ALPHONSE KARR

PARUES DANS LA COLLECTION MICHEL LÉVY

Les Femmes	1 vol.
Encore les Femmes	1 —
Agathe et Cécile.	1 —
Promenades hors de mon jardin	1 —
Sous les tilleuls	1 —
Les Fleurs.	1 —
Sous les orangers.	1 —
Voyages autour de mon jardin.	1 —
Une Poignée de vérités	1 —
La Pénélope normande.	1 —
Menus Propos	1 —
Les Soirées de Sainte-Adresse.	1 —
Trois cents pages	1 —
Les Guêpes	6 —
Geneviève	1 —
Le chemin le plus court	1 —
Raoul	1 —
Roses noires et roses bleues	1 —

Coulommiers. — Imprimerie de A. MOUSSIN.

A JANIN

A MON AMI

FRANÇOIS PONSARD

LES FEMMES

I

OU L'AUTEUR ÉTABLIT LA MODESTIE DE SES INTENTIONS

Je n'ai pas l'intention de faire à propos des femmes ni un livre, ni un traité, ni de rien prouver. Tout homme de bonne foi qui se voudra rappeler les diverses opinions qu'il a eues sur les femmes depuis son enfance jusqu'à sa vieillesse y trouvera un étrange chaos et verra qu'il n'est pas beaucoup plus avancé que le premier jour, et que, s'il pouvait recoudre une autre existence au bout de celle qui lui a été donnée à dépenser, il aurait encore à apprendre pendant tout le temps de cette seconde vie, et ne saurait rien quand elle prendrait fin à son tour. D'ailleurs, que sait-on jamais? Le vieillard ne sait pas plus comment doit se conduire le vieillard, que le jeune homme ne connaît ce qu'il y a de mieux à faire pour le jeune homme :

> Il ne profite pas à l'homme qu'il vieillisse ;
> A chaque âge, il arrive ignorant et novice.

Je dirai des femmes ce que je sais et ce que je me rappellerai, ce que j'ai vu et ce que j'ai lu — à peu près sans ordre, comme dans une conversation. Mais avant de commencer je dois me défendre contre une accusation que je vois déjà suspendue sur ma tête. Il m'est arrivé quelquefois de parler aux femmes avec une certaine amertume ; j'aurai en cette circonstance occasion de leur faire par-ci par-là quelques observations, quelques reproches, et quelques-unes de mes lectrices diront : « Fi ! voilà un homme qui n'aime guère les femmes. » Je les prie de ne pas admettre légèrement une pareille accusation et de prendre en considération quelques arguments que voici : Lorsque les femmes me choquent, c'est lorsque, cédant à une mode ridicule ou à une idée fausse, elles semblent s'efforcer d'être moins femmes ; — c'est lorsqu'elles veulent se dépouiller de quelques-uns de leurs charmes, et s'exposent à perdre de leur précieux empire et de leur chère tyrannie. Dirait-on qu'un homme n'aime pas le vin, parce qu'il prendrait tous les soins possibles pour ne rien lui laisser perdre de sa saveur et de son arome ? et l'accuserait-on, en le voyant boucher soigneusement les bouteilles, d'être un affreux despote qui condamne la liqueur de Bacchus à un esclavage insupportable, parce qu'il l'empêche de devenir un insipide breuvage et une fade piquette?

Mais quand j'aurais dit autre chose, quand j'aurais adressé aux femmes des reproches tout autrement graves et même injustes, ne savent-elles pas que ceux-là seuls peuvent avoir à se plaindre d'elles qui les aiment le plus, et l'histoire, depuis celle qu'on lit jusqu'à celle que l'on voit et à celle que l'on fait tous les jours, ne nous montre-t-elle pas tous ces grands détracteurs des femmes n'être que des fanfarons qui expient par un esclavage particulier la liberté de leurs discours publics? Salomon, qui, dans ses proverbes, ne leur ménage pas les duretés, qui les déclare « plus amères que la mort, » leur sacrifie jusqu'au Dieu des Hébreux. Euripide, qui, dans ses tragédies, les traite généralement fort mal, leur était si dévoué dans le particulier, qu'au rapport d'Athénée il avait épousé deux femmes ainsi que la loi le permettait, et allait encore volontiers chercher au dehors un supplément aux chaînes dont il parlait avec tant de dédain. Pour Boileau, c'est une autre affaire, et je plaiderai en sa faveur deux circonstances tristement atténuantes.

La première, c'est que sa colère est traduite du latin; la seconde, c'est que c'est la faute d'un dindon.

On ne se représente guère Boileau enfant, l'imagination ne le sépare pas volontiers de la grande perruque et de cet air chagrin et sévère qu'il se plaisait à attribuer à l'ennui de se *voir mal gravé*. Cependant, tous ceux qui ont parlé de lui s'accordent à dire qu'il a été enfant, et il n'est guère permis d'en douter. Donc, Boileau enfant et encore en jaquette fut, dit-on, renversé dans une cour par un dindon très-malfaisant, du bec duquel on ne l'arracha que fort maltraité pour le présent et pour l'avenir. C'est le seul des critiques des femmes qui n'ait pas expié notoirement aux pieds des belles les fanfaronnades qu'il se permettait la plume à la main, qui n'ait pas payé à chacune le mal qu'il disait de toutes; le seul auquel on ne puisse prêter cette confession :

Je hais ce sexe en gros — je l'adore en détail

Il est curieux de voir le concert de mauvais propos tenus sur les femmes depuis l'origine du monde, et de le rapprocher de l'empire qu'elles ont exercé sans intervalles sur les hommes de tous les temps. Écoutez Salomon : « La grâce de la femme est trompeuse et sa bonté n'est que vice, » dit-il dans ses proverbes; et plus loin : « L'homme amoureux suit la femme comme un bœuf que l'on mène au sacrifice. »

« Autant il y a de poissons dans la mer, disait Codrus,

autant il y a d'étoiles au firmament, autant il y a de fourberies dans le cœur de la femme. »

Le grave Hippocrate reproche aux femmes « leur malice naturelle. »

Socrate disait : « Il vaut mieux demeurer avec un dragon qu'avec une femme, » et il ajoutait : « Il faut craindre l'amour d'une femme plus que la haine d'un homme. »

Saint Paul rappelle aux femmes leur subjection à l'homme ; elles doivent à l'homme, suivant cet apôtre, tout le respect que l'homme doit à Dieu. Il leur défend sévèrement de parler dans l'église et même de mêler leur voix à celle des prêtres pour chanter les louanges du Seigneur.

L'histoire et la Fable de concert attribuent aux femmes tous les maux qui ont affligé l'espèce humaine.— Ève, Dalila, Pandore, Déjanire, Hélène, les filles de Danaüs, etc.

Les chrétiens défendent aux femmes les fonctions sacerdotales ; la jurisprudence leur interdit le barreau. — Mahomet les exclut de son paradis, et cependant il y donne place au *mouton*, qui remplaça le fils de Jacob au moment où il allait être sacrifié ; à la *baleine*, qui avala Jonas ; à la *fourmi*, que Salomon, dans ses Proverbes, propose à l'homme pour modèle, et au *perroquet* de la reine de Saba.

« En général, dit Tite-Live, les femmes sont plus douces en public qu'à la maison. »

« Il ne faut pas choisir entre les femmes, dit Plaute : aucune ne vaut rien. »

Saint Chrysostome dit encore pis.—Sénèque le Philosophe prétend que « la seule chose qui puisse faire supposer la vertu chez une femme, c'est la laideur. »

Les rabbins, dans les commentaires sur la loi zélotypia, — la jalousie, — à cette question : «Combien de temps faut-il qu'une femme reste seule avec un homme autre que son mari pour que celui-ci ait le droit de la supposer adultère et de la traiter comme telle ? » les rabbins répondent : « Le temps de faire cuire un œuf à la coque et de l'avaler. »

« La femme la plus naïfve, dit Brantôme, vend au marché l'homme le plus retors sans qu'il s'en prenne garde. »

Rabelais, entre autres choses, soutient que les femmes « se mussent et contraignent en la vue et présence de leurs maris, mais yceulx absents, prennent luer advantaige, déposent leur hypocrisie et se déclairent.»

Et Montaigne : « De bonnes femmes il n'en est à douzaines, comme chascun sçait, et notamment aux debvoirs du mariage. »

> A son réveil, d'Éden, le premier hôte,
> A ses côtés, en place de sa côte,

Vit « la chair de sa chair et les os de ses os. »
— Et son premier sommeil fut son dernier repos.

« Le renard est bien rusé, dit un proverbe espagnol, mais la femme est plus rusée que le renard. »

« Voulez-vous, dit madame Necker, faire prévaloir une opinion? Adressez-vous aux femmes. Elles la reçoivent aisément parce qu'elles sont ignorantes, elles la répandent rapidement parce qu'elles aiment à parler; elles la soutiennent longtemps parce qu'elles sont têtues. »

« Savez-vous, mesdames, disait en chaire un prédicateur moderne, pourquoi, après sa résurrection, Jésus-Christ apparut d'abord aux femmes? C'est que, sachant leur inclination à parler, il ne pouvait mieux faire que de leur apprendre d'abord un mystère qu'il voulait rendre public. »

Il n'est pas besoin de multiplier les citations pour établir que de tout temps les hommes ont dit du mal des femmes, et les écrivains plus que les autres hommes.

Jamais tyran n'a été l'objet de plus d'invectives, même dans les tragédies où la patience des tyrans est telle, qu'ils écoutent des tirades d'injures dont les spectateurs se lassent parfois avant eux, et que, lorsqu'ils se décident à appeler leurs gardes pour y mettre un terme, ils attendent néanmoins que l'opprimé en soit arrivé à une grossièreté qui présente une rime en *oi*, afin de placer congrûment la phrase usitée pour les tyrans à bout de patience :

« Holà ! gardes, à moi ! »

Eh bien ! malgré cette guerre acharnée, sans trêve ni merci, que les hommes font aux femmes, le pouvoir de ce sexe faible et timide n'a pas été le moins du monde entamé ni amoindri depuis le commencement du monde.

Ce qui amène naturellement à penser qu'il ne s'agit que d'une petite guerre où les armes ne sont chargées qu'avec des fusées et des pièces d'artifices, que les hommes ne sont pas aussi irrités contre les femmes qu'ils en voudraient avoir l'air, et que toutes ces invectives prodiguées aux femmes dans tous les temps et dans tous les pays ne sont qu'une preuve de l'universalité de leur inébranlable empire.

Quand j'entends les hommes se faire gloire de penser beaucoup de mal des femmes et lutter entre eux d'appréciations sévères ou ironiques à leur sujet, il me semble être dans une antichambre où les domestiques, en gardant les manteaux, disent à l'envi du mal de leurs maîtres ; ce qui n'empêche pas qu'ils ne craignent rien tant au monde que de perdre leur place et de se faire renvoyer : d'où il s'ensuit que, après examen, je prends, comme il est d'usage, le parti du vainqueur et me range résolûment sous la bannière triomphante.

Cette conspiration des hommes contre les femmes n'a jamais amené pour celles-ci qu'un danger réel, c'est de les dégoûter de leur sexe, de les abuser sur leur empire, de les faire croire à leur prétendue infériorité, et de leur faire faire de temps à autres quelques invasions dans les prérogatives et dans les corvées dont les hommes se sont arrogé et réservé le privilége.

Tantôt, en effet, vous les voyez prendre la plume et écrire, c'est-à-dire se remettre en question ; venir disputer à une nouvelle épreuve inutile, et conquérir par pléonasme, une royauté qu'elles ont déjà par droit de naissance, descendre dans la lice avec les vilains et les plus obscurs chevaliers, et s'exposer aux horions pour s'efforcer de gagner des couronnes qu'elles devaient distribuer en en doublant le prix par un de leur regard.

Il semble encore voir un dieu descendre de l'autel où on lui offre des sacrifices pour venir, les pieds dans la boue, se mêler à la foule de ses adorateurs, et se faire coudoyer par eux pour le plaisir d'envoyer concurremment avec eux de l'encens à sa niche déserte, — ce qui semble dire, contre toute probabilité, qu'on s'ennuie même du ciel, quand c'est à perpétuité. D'autres affectent d'emprunter aux hommes leurs idées, leurs sentiments et leur prétendue bravoure, — se dérobant ainsi à l'instinct naturel qui, pour rendre les deux sexes le plus différents possible l'un de l'autre, porte les hommes à exagérer leur force et leur courage, comme les femmes à exagérer leur faiblesse et leur timidité.

Quelques-unes vont plus loin et semblent faire des efforts pour se métamorphoser en homme et en prendre l'aspect. On les a vues sacrifier à cette absurde tentative leur charmante chevelure et se coiffer en cheveux courts comme les hommes ; on les voit encore, pour monter à cheval, joindre à la jupe longue, qui donne tant de majesté et de décence, le chapeau, qui est la partie la plus laide de l'ajustement masculin ; et, depuis quelque temps, d'aucunes ont essayé de mettre des gilets de piqué blanc, des cravates noires et des cols de chemise empesés comme les hommes. Je voudrais bien savoir ce que ces femmes penseraient d'un homme qu'elles rencontreraient au bois de Boulogne, trottant à cheval avec des bottes à l'écuyère, une culotte de daim et un chapeau de crêpe à plumes ou un bonnet orné de fleurs ou de rubans sur la tête.

Pour ce qui est des gilets, leur règne éphémère avance grand train : au piqué blanc succède le satin et le brocart — les boutons sont déjà en pierreries, et on ouvre les gilets du haut pour laisser voir le col; le gilet est en train de redevenir un corsage décolleté.

Ne semble-t-il pas, quand on voit certaines femmes affubler leur esprit et leur corps des sentiments et des hardes de notre sexe, que l'on aperçoit quelque monstre hybride, comme un centaure ou une sirène, ou une harpie?

Cette aberration est, du reste, encore de la faute des hommes, car je l'ai étudiée, et elle ne vient pas d'une admiration exagérée pour notre sexe. Il n'y a pas besoin de faire beaucoup parler les femmes pour savoir qu'elles sont loin d'éprouver cette admiration : chacune trouve l'amour qu'elle voit les hommes éprouver pour *les autres* si aveugle, si bête, qu'elles en conçoivent une médiocre opinion du sexe tout entier. — Les femmes, pour la plupart, ne nous aiment pas ; elles ne choisissent pas un homme parce qu'elles l'aiment, mais parce qu'il leur plaît d'être aimées par lui. Les femmes aiment assez l'amour de tout le monde, mais il y a bien peu de gens dont elles aiment la personne. Donc elles n'ont pas en réalité envie de nous ressembler, mais elles prennent au sérieux la supériorité que nous nous attribuons, et l'admiration que nous feignons d'avoir pour nous-même, dans l'espoir de la leur faire partager ; elles écoutent nos dédains sur leurs faiblesses, et elles en viennent à penser qu'elles acquerront de nouveaux droits à notre admiration en s'efforçant de nous montrer en elles les précieux avantages dont nous nous targuons — car elles veulent prélever l'amour à tout prix, comme un prince lève les tributs ou les impôts; elles considèrent les hommes ainsi que les anciens rois des Perses considéraient leur vaste empire. Une province avait tous les revenus affectés aux pierreries de la reine — une ville était consacrée à ses ceintures — une autre à ses pendants d'oreilles — dans une autre, les habitants ne travaillaient et ne payaient le tribut que pour ses pantoufles.

Ce déguisement des femmes en hommes réussit en effet auprès de certains. — De même que les hommes de petite taille aiment les grandes et grosses femmes, et ne sont pas volontiers amoureux à moins de cent cinquante kilogrammes de beauté, les hommes d'une âme faible, d'un esprit étroit, préfèrent naturellement les femmes énergiques et viriles, et ce goût, non-seulement avoué, mais affecté, leur présente de plus l'avantage de les déguiser eux-mêmes en gaillards terribles — car le mâle d'une lionne est un lion — c'est ce qui a fait depuis quelques années le succès d'un certain nombre d'empoisonneuses. Mais remarquez cependant que les femmes ne sont pas de bonne foi dans leur regret de ne pas être nées hommes; en effet, au moment même où vous leur entendez réclamer avec le plus d'insistance le partage de nos priviléges et de nos corvées, elles n'entendent pas abandonner la moindre partie de leurs avantages, et la femme qui vous dit avec dédain : — « Je suis peu sensible aux feints hommages et aux hypocrites respects que vous nous accordez en place de la liberté, » se trouvera fort scandalisée si vous négligez de ramasser son mouchoir qu'elle aura laissé tomber dans la chaleur de sa plaidoirie.

Lorsque la nymphe Cœnis dit à Neptune :

. . . . Da femina non sim,
Omnia præstabis.

« Faites que je ne sois plus femme, et vous m'aurez tout donné. »

C'est un homme qui lui prête ces paroles que, j'en suis sûr, elle n'a pas prononcées, du moins de bon cœur.

Cependant, comme il y a peut-être des femmes qui pourraient être de bonne foi dans ce vœu, je vais leur donner un moyen de changer de sexe une fois pour toutes ; — *il n'est pas de mon invention*, il est expliqué par un des plus brillants écrivains de l'antiquité. La femme qui, de bonne foi, s'ennuie d'être femme, n'a qu'à chercher deux serpents qui soient entortillés ensemble, — les serpents trouvés, il faut les frapper résolûment d'une baguette, et la métamorphose sera tellement rapide, que le coup de baguette commencée par la main délicate d'une femme sera terminé par le bras musculeux d'un homme.

Ovide raconte, au III° livre de ses *Métamorphoses*, que c'est ainsi que Térésias changea deux fois de sexe.

Mais ne tentez pas l'épreuve, si vous n'êtes pas bien résolues ; pensez qu'il vous faudra renoncer non-seulement à votre peau fine et soyeuse, à vos petits pieds cambrés, à votre taille svelte et souple, et à une certaine quantité de mines et menues grimaces très-séduisantes, mais aussi aux belles jupes de soie, aux fleurs dans les cheveux, aux pierreries aux oreilles, et à l'exhibition de vos beaux bras et de vos épaules nues.

La nature n'avait donné à l'homme que sa femelle, comme aux autres animaux ; elle ne lui devait pas davantage ; c'est lui qui a créé la femme à force d'amour ; de même que, malgré leur divin talent, Praxitèle ou Pradier ne tireront d'un bloc de marbre qu'une belle statue, parce qu'il est réservé à la première vieille femme qui s'agenouillera devant la statue et qui lui demandera quelque chose d'en faire un dieu.

Abandonnez donc à leur bizarre caprice, sorte de *pica* et de *malacie* qui fait que certains esprits affectionnent les idées absurdes et saugrenues, comme certains estomacs s'accommodent pour nourriture des fruits verts et du charbon, toutes ces femmes insensées qui prouvent par leur peu de conscience qu'elles n'ont pu s'élever à l'état de femmes, et qu'elles ne sont que des hommes femelles.

Ne croyez pas non plus aux injures des hommes, et ne vous en laissez pas influencer ; restez ce que vous êtes, gardez vos qualités si vous pouvez, mais au nom du ciel, au nom de vous-mêmes, ne vous avisez pas de perdre vos défauts, c'est par eux que vous êtes puissantes et que vous régnez ; nous les haïssons comme on hait les soldats et les satellites du tyran, mais ce n'est pas une raison pour le tyran de licencier son armée. Pour les hommes qui parlent le plus mal des femmes, ils se divisent en trois classes : — ceux qui n'aiment pas les femmes, — ceux qui les aiment trop, — ceux qui n'en sont plus aimés. Pour les premiers, nous n'en parlerons pas, ils ont eu un dindon au moins dans le cœur. Les seconds ont droit à votre reconnaissance, et les troisièmes à votre générosité et à vos aumônes ; pauvres gens qui subissent la peine réservée à ceux qui aiment réellement les femmes ! c'est, — dit un sage, — de les aimer toute leur vie.

En général, ce n'est que très-tard qu'on s'aperçoit si bien des défauts des femmes — comme le renard s'aperçoit que les raisins sont verts. L'homme n'a de ces horreurs éloquentes que contre les piéges qu'on ne daigne plus lui tendre ; c'est quand on lui a rendu tristement sa liberté qu'il s'indigne contre les chaînes.

Nous commençons à mourir bien plus tôt qu'on ne se plaît à le croire. — Nous commençons à mourir à la première dent qui tombe, au premier cheveu qui blanchit. — Heureusement qu'on meurt assez longtemps. — Quelques-uns meurent progressivement en commençant par l'extérieur : la vie, assiégée par le néant lorsqu'elle est obligée d'abandonner les ouvrages avancés, se réfugie dans les murailles et ensuite dans la citadelle, c'est-à-dire dans le cœur. — D'autres, au contraires, meurent d'abord par le cœur, et promènent pendant trente ans un mort dans une peau vivante. Sachez reconnaître les vivants.

Défiez-vous des gens raisonnablement sages ; ils le sont quelquefois réellement : c'est une infirmité. Amusez-vous des sages à grand orchestre, ce sont des fanfarons et des hypocrites.

J'ai connu un homme qui avait apporté, je crois, de la bonne et poétique Allemagne un usage assez singulier : consistait, dans un festin, à boire soi-même et à faire boire ses convives à l'objet de son amour, sans se rendre coupable d'une condamnable indiscrétion. On buvait un verre de vin du Rhin par lettre du nom de la femme chérie; imitation plus intelligente que l'invention de l'usage des anciens, qui faisaient des libations aux dieux, mais jetaient niaisement le vin par terre. Il est vieux aujourd'hui, et il a eu le bonheur de n'aimer qu'une seule femme pendant sa vie.

Cependant, malgré cette constance, d'autres que moi peuvent se rappeler que, lorsqu'il avait vingt-cinq ans, il ordonnait neuf santés en l'honneur de ses amours, — plus tard il se contenta de sept, — puis de cinq, — puis de quatre, — enfin je l'ai entendu dire récemment que cet usage est absurde et montre plus d'amour du vin que d'amour des femmes.

Pour expliquer la constance et le changement du nombre de ses libations, — il m'a avoué que ce qui avait été une des causes de sa première attention pour la femme qu'il a toujours aimée, c'est qu'elle s'appelait Élisa, et qu'Élisa est un diminutif d'Élisabeth, nom sous lequel il l'a préférablement adorée pendant sa jeunesse; — puis, son amour devenant plus familier ou son estomac plus mauvais, il avait bu aux sept lettres du nom de Lisbeth; — puis il avait pensé qu'il était plus convenable de lui rendre son nom d'Élisa; — puis enfin il avait bu à Lise, — et, pour finir, il ne buvait plus du tout.

Avant de poser la plume, je tiens à constater qu'il est bien convenu que mes lectrices ne m'accuseront pas d'impiété pour les vérités que je leur dirai, — car ceci n'est qu'une préface, — mais qu'elles me consi déreront, au contraire, comme un allié qui les aime d'une façon assez imprudente pour ne rien leur refuser, même de bons conseils.

II

S'IL Y A DES VIEILLES FEMMES

Je l'ai dit en commençant, je ne prétends rien prouver ; je n'ai l'intention de convaincre personne ; je cause, et voilà tout ; je donne mes idées, je ne les promulgue pas, je ne les inflige pas. Aussi ai-je le droit de ne pas procéder systématiquement, et de présenter les choses dans l'ordre où elles me viennent naturellement. Je viens de déchirer et de jeter au feu quelques feuillets que j'avais écrits ce matin. Pendant qu'hier je flânais au bord de la mer, quelque pédant se sera servi de ma plume et l'aura surmenée ; elle avait encore ce matin une allure pesante et méthodique.

Dans les feuillets dont j'ai fait justice, je prenais la femme à sa naissance, et je m'écriais : « O muse! inspire-moi. »

Je peignais la femme enfant, je décrivais les lis et les roses de son teint, je parlais de son âme qui n'est pas encore éclose, etc. J'ai changé de plume. La profession de foi par laquelle j'ai commencé me donne, je crois, le droit de dire la vérité, et de ne pas répéter aux femmes ces fadeurs toujours les mêmes depuis dès avant le déluge.

Je ne parlerai que très-peu de la « petite fille, » et voici pourquoi :

Il n'est pas rare de voir des petits garçons, c'est-à-dire des enfants qui doivent devenir un jour des hommes.—Ils ont leurs goûts, leurs plaisirs, qui leur sont propres.

Mais dans toute ma vie je n'ai vu qu'une ou deux petites filles : — les petites filles sont des femmes plus petites que les autres, — mais ce sont des femmes. A six ans, elles pensent à plaire et elles sont prêtes à tout. Voyez-les dans leurs jeux les plus attrayants en apparence, elles songent toujours qu'elles sont en spectacle, et elles jettent de temps en temps un coup d'œil en dessous pour juger de leurs succès. Une petite fille de six ans a déjà des airs mélancoliques et des mines rêveuses comme une fille de seize ans : cela ne veut pas dire qu'elle soit rêveuse ou mélancolique ; ces mêmes mines ne le prouveront pas non plus quand elle aura seize ans : c'est une mine qu'elle a choisie, comme elle choisit un ruban, parce qu'elle lui sied bien, parce qu'elle va à la nuance de ses cheveux. Arrêtez-vous aux Tuileries, regardez ces prétendues enfants sauter à la corde, — non plus à la petite Provence, il y faisait bon et chaud à la fin de l'hiver et à la fin de l'automne, mais on n'y était vu que par des bonnes d'enfants et des vieillards qui y demandaient au soleil un appoint de chaleur. Les mères et les filles, d'accord ensemble, ont transporté le théâtre de leurs jeux auprès de l'allée où se promène le beau monde, — on n'y est pas abrité du vent, mais on y rencontre un public comme il faut.

La plupart des mères traitent leurs petites filles comme des poupées perfectionnées ; elles les habillent en *dames*, elles leur mettent de la crinoline ; elles leur apprennent une démarche qui donne du relief à leurs futurs charmes ; ce ne sont pas des enfants qui jouent pour s'amuser, ce sont des actrices qui jouent un rôle pour être admirées. — Écoutez comme ces petites bamboches parlent entre elles à la *cantonnade*, pour la galerie, — voyez-les toutes heureuses d'être regardées, payer cette attention d'un regard bienveillant lancé de côté.

Dès l'âge de six ans, une femme n'a plus guère à gagner qu'en dimensions.

Mais, si les femmes ne sont jamais enfant, en revanche, elles ne sont jamais vieilles.

A l'âge où on les appelle à tort des enfants, examinez-les dans leurs relations avec leurs poupées : — ces poupées sont pour elles de véritables enfants; elles les grondent avec une vraie mauvaise humeur, elles les aiment avec un instinct féroce.

Il y a quelques années, je rencontrais parfois dans le monde une charmante jeune femme; je l'avais connue « enfant » pour me servir d'un mot consacré, lorsque j'étais en rhétorique. J'avais toujours gardé de bonnes relations avec plusieurs personnes de sa famille; je la retrouvai avec plaisir, mais je ne tardai pas à m'apercevoir que ma présence était loin de lui être agréable. Un jour que notre rencontre se fit à la campagne, chez des amis communs, on proposa une promenade, et je lui offris mon bras, qu'elle accepta d'assez mauvaise grâce. « Ma foi ! lui dis-je, puisque vous m'accueillez si mal, j'aurais bien tort de me priver de vous dire ce que j'ai sur le cœur ; je n'ai rien à perdre avec vous : vous ne serez pas pour moi, si ce que je vous dis vous déplaît, plus malveillante que vous ne l'êtes d'avance. » — Et je lui demandai la raison du mauvais accueil qu'elle me faisait.
— Elle commença par nier la malveillance dont je l'accusais, par m'affirmer que je me trompais, — puis, tout à coup : « Ça m'ennuie de mentir, dit-elle : — eh bien! c'est vrai, j'ai remarqué comme vous que je

vous faisais un accueil très-médiocre, et je me suis demandé pourquoi ; je ne le sais pas plus que vous. Quand vous n'êtes pas là, je me moque de moi-même, je me fais des reproches ; mais, quand je vous revois, je sens à votre égard une répulsion involontaire dont je ne suis pas la maîtresse. Pourquoi? Cherchons-le ensemble, si ça vous intéresse. »

Ça m'intéressait, et nous cherchâmes.

La dernière fois que je l'avais vue dans la première phase de notre connaissance, elle avait sept ans ; — depuis elle avait été mise au couvent, d'où elle n'était sortie que pour se marier. Dans les courts séjours qu'elle avait faits dans la maison paternelle, où, par des circonstances inutiles à dire ici, j'avais cessé mes visites, elle n'avait que rarement entendu parler de moi ; mais, quand on en parlait, c'était avec toutes sortes de bons souvenirs d'amitié.

Enfin, après avoir fouillé de bonne foi ses souvenirs, — la jolie Aline me dit : « J'y suis. La dernière fois que je vous ai vu chez mon père, vous avez enlevé ma poupée d'un fauteuil sur lequel vous vouliez vous asseoir, et vous l'avez posée sans précautions, ou plutôt jetée assez brusquement sur la cheminée, dont le marbre lui a fortement éraillé le nez. La haine que cet attentat m'inspira alors contre vous s'est réveillée à votre aspect, sans que je m'en rappelasse la cause. »

Nous rîmes beaucoup de cette découverte, mais Aline ne fut pas tout à fait guérie pour cela, et il arrivait très-souvent depuis qu'elle m'accueillait assez froidement lorsque je l'abordais, ce qui ne manquait pas de nous faire rire l'un et l'autre, sans que ce fût une raison pour que la chose ne se renouvelât pas à la première occasion.

Si l'amour des petites filles pour leur poupée est une tendresse très-sérieusement maternelle — de même, dans l'amour que plus tard elles auront pour leurs enfants il entrera toujours beaucoup du goût de la poupée — elles traiteront leurs enfants en poupées, comme elles ont traité leurs poupées en enfants.

Quand on voit une femme donner à un enfant ces soins si dévoués, si attentifs, si minutieux, et quelques-uns même si répugnants, on serait porté à croire qu'elle s'acquitte d'un devoir, qu'elle sera payée de ses sacrifices et de son dévouement par la joie de voir sa fille devenir une femme à son tour. Eh bien! non, ces soins si minutieux, si fatigants, c'est précisément là qu'est le plaisir : quand l'enfant grandit, quand il n'a plus besoin de ces soins de poupée, il semble qu'il échappe à la mère, et il n'est pas une vieille femme qui n'arrive à aimer mieux l'enfant de sa fille que sa fille elle-même, poupée depuis longtemps rebelle et peu maniable, qui s'habille et se déshabille toute seule,

Le petit garçon a énormément à apprendre pour devenir un homme ; la petite fille, beaucoup mieux douée en naissant, n'a absolument qu'à augmenter.

Les femmes ne changent qu'extérieurement ; il vient un moment où la femme que nous avons vue jouer à la poupée, puis devenir à elle-même sa propre poupée, se réveille enfermée dans une peau terne et ridée comme les sœurs de Phaéton dans l'écorce des peupliers ; mais au dedans elle est toujours jeune, son esprit et son cœur n'ont pas vieilli, il faut qu'elle les déguise pour les mettre en harmonie avec son extérieur, comme un homme costumé en polichinelle met *une pratique* dans sa bouche pour se faire la voix de son personnage.

Pendant longtemps la femme qui voit commencer sa métamorphose extérieure fait des efforts inouïs pour lutter contre cette nécessité, et ce n'est qu'après avoir épuisé tous les moyens de conserver le dehors de l'âge du dedans, qu'elle se résigne à faire prendre au dedans les apparences de l'âge du dehors — mais c'est un mensonge qui succède à un mensonge.

Pour donner à ce que je veux dire sur les femmes la division épique des quatre âges que ma plume fourbue voulait indiquer ce matin, je serais donc arrêté par l'obstacle que je viens de signaler. — La femme n'a pas d'enfance — un obstacle non moins réel, et non moins infranchissable, serait celui-ci : Qu'est-ce qu'une vieille femme — à quel âge une femme est-elle vieille ?

J'ai consulté des femmes à ce sujet, et j'ai acquis la conviction qu'elles n'en savent pas plus long que moi — et cela s'explique tout naturellement par la raison que je viens de développer : — les autres que l'on voit à l'extérieur paraissent vieilles à un âge où l'on se sent jeune soi-même, parce que c'est le dedans de soi qu'on apprécie. Écoutez une femme de vingt ans parler des vieilles femmes. Elle n'en parle pas comme un voyageur qui se met en route parle de ceux qui sont arrivés ; elle n'en parle pas comme de personnes auxquelles elle doit ressembler un jour — non, il semble qu'il y ait deux espèces de femmes parfaitement distinctes, comme les blanches et les négresses, et que la femme qui vous parle est de l'espèce jeune comme elle est de l'espèce blanche. Rien n'est si commun que de voir une femme qui n'est plus jeune dire d'une femme de son âge avec un profond dédain : « C'est une vieille femme ! » Une femme de vingt ans appelle vieilles les femmes de trente ans — celles de trente se scandalisent de voir les salons encombrés par des femmes de quarante ans, et celles-ci disent : « Quand j'aurai cinquante ans, comme madame telle, je ne mettrai plus de rose, et je n'irai plus dans le monde. » — Les femmes de cinquante ans, à leur tour, parlent volontiers de l'étourderie et de l'*inconséquence* (barbarisme forgé par le beau sexe) de femmes qui n'ont que quelques années de moins qu'elles.

La femme n'est pas vieille tant qu'elle inspire de l'amour. — D'ailleurs, qu'est-ce qu'être vieille? Ce n'est pas avoir dépensé un certain nombre d'années du nombre mystérieux qui nous a été donné à chacun. Être vieille, c'est n'avoir plus ni beauté ni charme. — Si une femme conservait jusqu'à cent ans tous les attraits de la jeunesse, elle serait plus jeune qu'une femme de vingt ans qui les aurait perdus. C'est une de ces vérités qui ne se disent pas, mais se chantent sur l'air connu de M. de la Palisse. Eh bien! cependant, elle est loin d'avoir cours dans la pratique; et, si l'on sourit de la naïveté d'un homme qui dirait : « J'aime mieux une vieille femme qui serait jeune qu'une jeune femme qui serait vieille », on rira tout à fait si on le voit mettre cette théorie en usage.

Donc, je renonce formellement à diviser mon sujet par les quatre âges de la femme, puisqu'il est impossible de tracer pour ces âges des limites certaines.

De bonnes âmes, pour consoler les femmes qui ne sont pas jolies, ou celles-ci pour se consoler elles-mêmes, ont de tout temps essayé de décrier la beauté.

Ces discours n'en ont jusqu'ici dégoûté personne. Un des arguments les plus ordinaires que l'on emploie est celui de son peu de durée. Mais qu'est-ce qui a de la durée? Ne doit-on pas admirer le soleil parce qu'il sera suivi de l'obscurité, le printemps parce qu'il sera remplacé par l'hiver? Les pêches que vous mangez sontelles méprisables parce qu'elles disparaissent en trois bouchées? — Croyez-vous qu'il faille les laisser pourrir sur l'arbre parce qu'elles ne sont pas au moins grosses comme des citrouilles? — Dédaignerez-vous, vers onze heures du matin, une succulente côtelette parce qu'elle n'est pas immortelle comme le foie de Prométhée? Refuserez-vous de respirer le parfum des roses parce que les roses du jardin durent moins longtemps que les roses artificielles faites avec de la toile et du papier?

Les femmes ne sont pas dupes de ces sorties de mauvaise foi contre la beauté. — Dites d'une femme qu'elle est méchante, acariâtre, bizarre, étourdie; qu'elle trompe son mari et même son amant, — mais ajoutez qu'elle est bien belle, — et soyez certain d'avance que le ressentiment qu'elle vous montrera sera un ressentiment de convenance. — Essayez de l'offenser réellement; dites qu'elle est douce et bonne, décente, sensée, et qu'elle s'acquitte de la meilleure grâce de tous ses devoirs, — mais ajoutez qu'elle est laide.

— et vous verrez alors ce que c'est qu'un ressentiment véritable.

Écoutez les questions que l'on fait sur une femme que l'on ne connaît pas : « Est-elle jolie ? » c'est la première question, et presque toujours la seule. Si l'on en fait une seconde, c'est pour trouver de quoi atténuer l'effet de la première réponse, si elle a été affirmative. En effet, si elle est jolie, on espère qu'elle n'a pas d'esprit. — Si elle est jolie et si elle a de l'esprit, il reste la chance qu'elle ait mauvais cœur, ou qu'une conduite légère l'ait livrée aux discours du public ; — mais soyez certain qu'on ferait bon marché de ces défauts, et qu'on ne la chicanerait pas là-dessus, si elle voulait et pouvait, en échange, faire le sacrifice de sa beauté.

Je n'entends pas la beauté comme les femmes l'entendent elles-mêmes, et cela par une bonne raison : c'est que j'ai la conviction profonde qu'elles ne s'y connaissent pas. En effet, comment pourraient-elles en juger ? La beauté n'est pas certaine forme de certains traits. — Ainsi envisagée, la beauté n'est pas la même pour les divers peuples des diverses nations, et elle change même ses conditions au gré de la mode, à différentes époques, chez le même peuple. J'entends par beauté ce charme secret, cette influence qui fait épanouir dans le cœur et dans l'esprit tant de si doux enivrements, de si charmantes rêveries.

Les femmes, quand il s'agit des femmes, jugent de la beauté qui se prouve; les hommes seuls peuvent reconnaître celle qui s'éprouve.

Et cette dernière c'est la vraie; en tous pays, en tous temps, elle exerce sa douce et irrésistible tyrannie.

Par suite de quoi il arrive que les femmes passent une partie de leur vie à s'étonner et à se scandaliser des passions qu'excitent certaines femmes qui n'ont pas une beauté conforme au programme arrêté entre elles. « Comment, disent-elles, on dit que M. *** s'est brûlé la cervelle pour madame ***, et cependant elle n'a pas un aussi joli nez que le mien, pour lequel personne n'est jamais mort. Les hommes sont bien aveugles! »

Je ne veux pas désespérer celles qui n'ont pas reçu du ciel la beauté en partage, mais je ne puis leur cacher cependant qu'elles sont nées sous un astre bien malfaisant. On a fait beaucoup de volumes d'antithèses sur le sort du *Berger et du Monarque*, mais la distance qui sépare ces deux hommes n'est rien en comparaison de celle qui existe entre une belle personne et une laide. Seulement, ne vous croyez ni très-belle ni très-laide sur la foi de votre miroir; je répète qu'il est impossible que vous vous y connaissiez. Vous ne pouvez juger de votre beauté réelle que par l'impression qu'elle produit sur les hommes.

Cette épouvantable inégalité, qui ferait du sexe féminin deux races, dont l'une serait plus inférieure à l'autre que les nègres aux blancs, est heureusement modifiée par de nombreuses circonstances. — Si les belles sont la noblesse et les laides la roture, il faut dire qu'il y a très-peu de laides,—absolument laides, — et que le plus grand nombre des femmes sont dans le tiers état. Les femmes qui ne sont pas jolies absolument, le sont presque toujours relativement, et il faut dire que celles-là prennent souvent soin de ne pas gâter ce qu'elles ont de beauté ; tandis que celles qui ont été plus magnifiquement douées ont parfois l'instinct démocratique d'égaliser les rangs en diminuant l'influence de leurs charmes par des affectations et des prétentions de toutes sortes.

Lorsque naît un enfant du sexe masculin, il a tiré son numéro en naissant, c'est-à-dire que les conditions de sa famille et de son organisation seront la cause de sa situation dans la vie.

Mais une femme, si elle a tiré un mauvais numéro en naissant, a droit à une seconde expérience. — Elle tire un second numéro en se mariant. — Elle devient, par le mariage, un autre individu qui ne garde pas même son nom. — Une femme est née avec toutes les mauvaises chances sociales, — sa famille est pauvre et humble, — eh bien! il suffit que certain jour, à certaine heure, elle passe dans certaine rue, pour que son sort change entièrement. Un homme l'a vue, qui en devient amoureux et l'épouse. Ce que cet homme a reçu du hasard de la naissance, ce qu'il a acquis au prix des efforts de toute une vie, fortune, rang, considération et gloire, tout cela est à elle en un instant, et, pour cela, il suffit qu'elle soit belle, il suffit qu'elle soit agréable, il suffit qu'elle plaise, il suffit qu'elle soit femme.

Je pourrais, comme d'autres, faire ici une longue et brillante énumération des avantages et des pouvoirs de la beauté, — mais je n'en citerai qu'un : c'est que la beauté fascine les hommes à tel point, qu'elle les jetait autrefois dans le mariage, c'est-à-dire qu'ils donnaient toute leur vie en échange d'un moment.

Mais on a aujourd'hui réfléchi à ce sujet, et il n'y a guère d'hommes qui se marient maintenant par amour. Presque tous, non-seulement ne veulent pas donner d'appoint dans le contrat qui lie l'homme et la femme, mais bien plus, cet appoint, ce retour qu'ils ajoutaient autrefois à l'échange des personnes, ils l'exigent aujourd'hui, et les pauvres filles courent grand risque de garder ce titre honorable toute leur vie, quelque belles qu'elles soient, si elles n'ont pas des parents assez riches pour payer convenablement un monsieur qui se chargera de le leur faire perdre à prix débattu.

C'est aujourd'hui un accident, une sorte de prodige quand un homme épouse une femme uniquement parce qu'elle est belle. La beauté, — dans notre temps d'intérêts mercenaires, — a singulièrement baissé de valeur. Autrefois, le mariage n'était une affaire que pour les femmes, — c'était même l'unique affaire des femmes, affaire qui les dispensait d'en faire jamais d'autres. Les hommes alors ne faisaient toutes les autres affaires que pour devenir eux-mêmes une bonne affaire pour les femmes. Mais aujourd'hui l'homme est en hausse; n'en a pas qui veut, le sexe laid est à l'enchère, et le beau sexe doit y mettre le prix ou s'en passer.

Si jamais la beauté voyait remonter ses actions, il y aurait un moyen de diminuer, de rendre nul même le nombre des vierges qui traînent toute leur vie les misères et les ennuis du célibat. Ce moyen, dit-on, avait été employé autrefois par les Perses, et il était parfaitement raisonnable

On vendait les belles femmes à ceux qui voulaient les épouser, et l'on donnait aux laides en dot le prix qu'on avait obtenu pour les belles : c'est-à-dire que la plus belle dotait la plus laide, la seconde en beauté dotait la seconde en laideur, et ainsi de suite,

Mais ce moyen serait fort dangereux, et d'ailleurs tout à fait inapplicable aujourd'hui. D'abord, on ne trouverait que fort peu d'épouseurs pour les belles, et si néanmoins, par un autre moyen, on arrivait à doter les laides, ce seraient elles seules qui trouveraient des maris, et les belles resteraient scandaleusement filles.

Sérieusement, l'usage du mariage tend à disparaître de nos mœurs ; le nombre de vieilles filles augmente tous les jours, surtout dans la classe moyenne de la société. Il n'est pas sans intérêt d'en chercher la raison.

Il y a peu de filles d'ouvriers qui ne trouvent un ouvrier pour les épouser, parce que, pour l'ouvrier, la femme est une compagne qui prendra sa part dans les soins et dans les travaux de la vie commune ; pendant que l'homme travaille au dehors pour sa femme comme menuisier ou comme serrurier, elle travaille au dedans pour son mari comme cuisinière, comme blanchisseuse, etc.; elle ne recule pas, au besoin, devant des travaux à entreprendre au dehors : c'est-à-dire que le mariage est une société dans laquelle chacun travaille dans la proportion de ses forces. L'ouvrier marié dépense moins d'argent que lorsqu'il était garçon ; ses hardes et son linge faits chez lui et tenus en bon état, sa nourriture plus saine et moins coûteuse, compensent et au delà ce que la présence d'une femme dans la maison entraîne de dépenses nouvelles. Ainsi, je trouverais très-légitime de voir attribuer dans cette classe une égalité de droits à l'homme et à la femme, — sans compter que, dans les classes sans éducation, les femmes valent mieux que les hommes, et sont surtout plus intelligentes.

Dans la classe où l'on naît riche, et où d'ailleurs une femme apporte une dot importante, le mariage est encore possible ; la surveillance exercée sagement par la femme sur la maison compense le petit travail que fait l'homme pour la conservation de la fortune commune.

Mais dans la classe moyenne, comment voulez-vous qu'on se marie aujourd'hui ?

Toutes les filles sont élevées de la même manière, au point de vue des meilleures chances possibles du mariage, — c'est-à-dire que chacune est tellement apte et préparée au gros lot, qu'elle n'est nullement capable de s'arranger d'aucun des lots inférieurs ; ce qu'on appelle aujourd'hui le nécessaire est de beaucoup au-dessus du luxe d'autrefois. — On a essayé sans succès de beaucoup d'égalités — on n'a conservé que la plus dangereuse, la plus funeste de toutes : *l'égalité de dépenses*, c'est-à-dire l'égalité de misères, l'égalité de soucis, l'égalité d'avidité, l'égalité de rapine.

Toute fille est élevée aujourd'hui dans la prévision qu'elle gagnera à la loterie du mariage un des gros lots de plus en plus rares. On s'est figuré que l'on remplacerait la fortune et la dot par une éducation plus complète, par des talents plus variés : on s'est trompé, cette éducation et ces talents rendent au contraire la dot plus nécessaire, je dirai même tout à fait indispensable.

Le mariage est le plus grand luxe qu'un homme puisse se permettre. — Quand on pense que les femmes de la classe moyenne sont toutes aujourd'hui élevées pour briller dans le monde, que dans le monde il n'y a plus de rangs dessinés, ni de classes marquées, quand on a pris mesure du *nécessaire* commun sur les gens les plus riches, — il faut qu'un homme soit bien amoureux, s'il ne recule pas en pensant à la montagne de velours, de soie et de bijoux qu'il lui faudra user sa vie et ses jours à conquérir, pour que sa femme soit mise *comme tout le monde.*

Pour les hommes de cette classe, la femme n'est pas une compagne — qui partagera ses soins et ses travaux dans la mesure de ses forces, — c'est une idole qu'il faut passer sa vie à orner pour que les autres l'admirent. L'homme de cette classe, qui se marie aujourd'hui avec une femme sans dot, serait aussi bien capable d'acheter un cheval qui, au lieu d'avoine, ne mangerait que des topazes et des émeraudes.

Aussi ne s'en trouve-t-il plus guère, et bientôt, ne s'en trouvera-t-il plus du tout.

III

DE LA BEAUTÉ.

On ne prouve rien aux femmes; elles ne croient qu'avec le cœur; c'est donc la persuasion qu'il faut employer avec elles — ou plutôt, il faut leur plaire, car elles se laissent convaincre par celui qui raisonne et non par ses raisonnements. Accumulez en causant avec une femme les preuves les plus fortes, les plus irréfutables, — puis, quand vous en avez amassé et produit de quoi convaincre sans répliquer une assemblée de docteurs en théologie, cherchez encore, triplez, décuplez, centuplez vos preuves, après quoi la femme vous dira froidement : « Qu'est-ce que cela prouve ? » Quelqu'un que je ne nommerai pas et mon ami L. G*** avaient acquis à ce sujet une telle conviction, qu'ils avaient autrefois imaginé l'impertinence que voici : ils s'étaient engagés, moyennant un dédit, à ne jamais raisonner avec une femme. Aussi il arrivait quelquefois qu'en plein salon, l'un des deux, voyant à l'air ennuyé ou distrait d'une femme avec laquelle causait son ami, en même temps qu'à l'air docte, pédant et ennuyeux dudit ami, qu'il était en pleine infraction, s'avançait vers lui, saluait poliment l'interlocutrice et disait à l'autre : « Monsieur, vous me devez une demi-pistole ; » — à quoi l'autre ne répondait qu'en fouillant à son gilet et en s'acquittant de la mulcte convenue.

Je n'ai pas besoin de dire avec quelle discrétion les deux amis dissimulaient cette convention, ni combien je désapprouve leurs idées à ce sujet. Il ne serait pas difficile de prouver que c'est une supériorité qu'ont les femmes de refuser de croiser le fer dans l'escrime ennuyeuse de la dialectique ; — à cette supériorité de n'accepter aucune raison, elles joignent celle de n'en donner aucune, et de se contenter parfaitement, en exigeant qu'on s'en contente, de cette seule réponse qui n'a pas l'air concluante, mais qui l'est en effet, puisqu'elles n'y ajoutent rien : *parce que...*

Comme les femmes savent par instinct autant que par expérience que dans leur beauté est leur puissance, leur richesse, leur domination, leur bonheur, elles sont décidées à avoir de la beauté, et tout ce qui tend à leur persuader qu'elles en ont est parfaitement accueilli. Mais les hommes ne les trompent pas autant qu'ils s'en flattent, lorsqu'ils remarquent qu'il n'est pas sous le rapport de la beauté d'encens si épais qu'il ne soit respiré avec délices. Les femmes savent bien que leur monnaie n'a pas de valeur intrinsèque, qu'elle a la valeur qu'on y attache — s'il vous plait d'attacher le prix de l'or à du billon, celle qui n'a que du billon n'en est pas moins riche pour cela — et il n'est pas étonnant qu'elle apprenne de vous avec plaisir que vous recevrez pour vingt francs chacun de ses sous frustes et vert-de-grisés. Il y a des pays où l'on commerce avec des coquilles — il y a eu des monnaies de cuir. Ceux qui ont ou ceux qui avaient beaucoup de ces coquilles ou de ces ronds de cuir étaient aussi riches que ceux qui, ailleurs ou aujourd'hui, possèdent beaucoup de ronds d'or et d'argent.

Pour la femme qui aime réellement, c'est un grand bonheur d'être belle, mais pour celle qui ne veut qu'être désirée, il suffit qu'on la trouve belle.

C'est un si grand malheur, une si grande ruine pour une femme que de n'avoir pas de beauté, que les femmes font volontiers beauté de tout bois. Celle qui doit absolument renoncer à la beauté du visage se console par des prétentions à la beauté de la taille ; — faute de la taille, elle pense avoir de *la grâce*, ou bien du *maintien*, ou de *la tournure*, ou un *certain air*, ou enfin un *je ne sais quoi*.

Il y a cependant des femmes qui ne sont pas très-sensibles aux éloges de leur beauté — ce sont celles dont la beauté est incontestable et universellement reconnue. L'hommage que vous leur rendez à cet égard est une dette que vous payez, elles ne vous en savent aucun gré. C'est sur l'esprit alors qu'il faut les flatter. — Du temps que les rois d'Angleterre se faisaient appeler rois de France, tout ce qui aurait témoigné à un roi d'Angleterre qu'on le considérait comme sérieusement roi de France l'aurait certainement beaucoup plus flatté que de lui affirmer qu'il était réellement roi d'Angleterre, ce qu'il savait bien, et ce que personne ne lui contestait.

Il est du reste facile de voir quelle est la prétention d'une femme. Dernièrement, j'eus l'honneur d'accompagner quatre jeunes femmes dans une visite qu'elles *ne pouvaient plus différer* de rendre à une jeune mariée.

L'amitié de deux femmes n'est jamais qu'un complot contre une troisième.

Cette visite avait tout le caractère d'une coalition, d'une invasion comme celle des alliés en France en 1815.

La femme que nous visitions — sentit tout de suite

le désavantage de sa position — l'ennemi était trop supérieur en nombre pour qu'elle pût résister avec quelque chance de succès ; le désordre se mit dans ses forces, elle essaya des propositions tacites de paix ou de trêve ; elle reçut de son mieux l'armée ennemie et employa toute espèce de câlineries, mais ce fut en vain. La visite ne fut pas longue, on avait hâte de se partager le butin et de se communiquer les impressions. — On s'embrassa en sortant, mais je voyais une telle impatience chez mes compagnes, que je hâtai le pas, pour éviter que le partage du butin se fît trop près du champ de bataille.

C'est alors que je pus apprendre quelle était la prétention du reste parfaitement justifiée de chacune de mes compagnes. Ce que chacune avait examiné chez l'ennemie, c'était ce qu'elle avait en elle-même de plus triomphant.

Lorsque dans une rue on voit apparaître une nouvelle boutique, les marchands qui occupent déjà cette rue vont s'enquérir du nouvel oiseleur qui va ouvrir ses trappes aux passants. L'épicier va voir si c'est un épicier ; le boulanger, si c'est un boulanger ; la lingère, si c'est une lingère. — Mais il importe peu à la lingère que ce soit un épicier, ou à l'épicier que ce soit une lingère qui vient tendre ses gluaux.

—Avez-vous vu quelles mains ? dit une de mes compagnes, dès que je ralentis le pas ; sont-elles grosses et rouges !

Et je jetai un coup d'œil sur les mains de celle qui parlait ; elles étaient effilées, blanches et très-soignées.

— Et ce pied ! dit une seconde, dont les pieds sont comme des pieds d'enfant.

— Vous savez qu'elle a de faux cheveux, dit la troisième, — dont la chevelure abondante et soyeuse échappe parfois du peigne par son poids.

— Quelle taille épaisse et carrée — dit la quatrième, dont la taille svelte et souple avait plus d'une fois attiré mon attention.

— Elle ne sait pas dire deux mots — ajouta la première, qui a l'esprit vif et la parole facile.

Mais bientôt ce dialogue pressé augmenta d'intérêt pour moi. Si d'abord chacune de mes compagnes me fit voir par ses critiques qu'elle savait aussi bien que moi les avantages qu'elle possède, elle ne tarda pas à m'en faire remarquer quelques-uns que — je l'avoue à ma honte — je n'avais pas remarqués, puis quelques autres dont — il faut le dire — elle n'avait peut-être que la prétention, — ce que je ne dis qu'avec une timidité convenable.

Les femmes sont loin de connaître toute la timidité des hommes.

L'amour qu'on éprouve est tout en soi, la personne aimée n'est que le prétexte. Quelle que soit la beauté de la musique, elle laisse un sourd insensible. Boileau, après son affaire avec le dindon, fit la satire contre les femmes, et, ce qui est encore pis, une vingtaine de très-mauvais vers en l'honneur de je ne sais quelle *Sylvie*. Je dis ce qui est encore pis, car on peut dire très-bien du mal des femmes en les aimant beaucoup ; mais c'est mauvais signe d'en dire si mal du bien.

Une histoire qui se passe en Angleterre :

Élisabeth était fille d'un homme déjà veuf et fort riche, qui mourut lorsqu'elle était encore enfant. En mourant, il la confia aux soins d'un ami sur lequel il pouvait compter. Le tuteur d'Élisabeth avait de son côté une fille de l'âge de sa pupille, et une étroite liaison s'établit facilement entre les deux jeunes filles. Si Élisabeth était riche, elle avait été moins bien partagée par la nature que Mary, qui n'avait du reste pas d'autre dot à espérer que sa beauté. Élisabeth n'était qu'agréable, tandis que Mary était remarquablement belle. Néanmoins, c'est surtout pour Élisabeth que se présentaient les prétendants. Un jeune homme appelé Georges, qui venait d'entrer dans les ordres et qui se montrait assidu dans la maison, ne tarda pas à être, par le public, par le tuteur d'Élisabeth et par les deux jeunes filles elles-mêmes, mis au rang des adorateurs de la riche héritière. — Les deux amies en plaisantaient avec grâce :

— Mariez-vous donc bien vite, ma chère, disait Mary, car les hommes ne daigneront faire attention à moi que quand vous ne serez plus ici.

— Je ne veux épouser, disait Élisabeth, qu'un homme qui aura assez bon goût et assez de cœur pour vous préférer à moi et mettre votre charmante beauté en son rang, c'est-à-dire à mille pieds au-dessus de mon argent ; — et alors cet homme-là, vous le garderez.

Néanmoins, les deux jeunes filles devinrent un peu plus réservées dans leurs confidences, parce que Georges, qui réunissait toutes les qualités désirables, avait fait une égale impression sur chacune d'elles. Il arriva que Mary alla passer quelques semaines chez une parente, et que Georges ne fut pas moins assidu pour cela dans la maison : cela aurait suffi pour confirmer les soupçons que l'on avait déjà, si ces soupçons n'étaient déjà passés à l'état de certitude. Cependant Georges, qui se trouvait souvent seul avec Élisabeth, ne se déclara pas. Cette situation était un peu embarrassante pour la jeune fille, qui, pour se faire un maintien, parlait de son amie et en faisait un éloge mérité. Plusieurs fois Georges parut sur le point de parler, mais il hésitait, il balbutiait, et enfin il n'avait rien dit quand Mary rentra dans la maison.

Cependant Élisabeth roulait dans sa tête tous les plus riants projets pour l'avenir, et Dieu sait, et le diable peut-être un peu aussi, combien de charmantes images se succédaient devant ses yeux.

Quelques jours après son retour, Mary vint trouver Élisabeth dans son appartement et la pria de lire une lettre qu'elle venait de recevoir, tandis qu'elle-même allait causer avec son père de ce qu'elle contenait.

Cette lettre était de Georges.

« Mademoiselle Mary, disait-il, vingt fois j'ai voulu parler à votre chère Élisabeth des sentiments qui remplissent mon âme, et vingt fois la parole s'est arrêtée sur mes lèvres. — Je voulais la prier d'être mon interprète auprès de vous et votre père; je prends le parti de vous écrire à tous deux.

« Je vous aime, Mary, et je ne rêve de bonheur que pour le partager avec vous, etc., etc. »

Je n'essayerai pas de dépeindre le triste étonnement, la douleur amère, le découragement profond qui s'emparèrent à cette lecture de l'esprit et du cœur d'Élisabeth. — Mille projets se présentèrent à son esprit et furent successivement rejetés. — Enfin elle s'arrêta au plus noble de tous : elle descendit chez son tuteur et y trouva Mary tout en larmes.

— Mon enfant, lui dit le vieillard, Georges est un homme honnête et distingué, et je serai fier de l'appeler mon gendre ; mais il est aussi pauvre que toi. Je sais toutes les belles et nobles illusions par lesquelles tu peux me répondre, et je serais bien fâché que tu n'eusses pas ces illusions, mais moi je n'ai plus le droit de les avoir. Aussitôt que Georges aura un bénéfice, qu'il sera nommé ministre d'une paroisse, quelque modique qu'en soit le revenu, je te donnerai à lui avec joie.

— Mon cher tuteur, dit Élisabeth, ou plutôt mon second père, Mary et moi, nous sommes deux sœurs, et je veux, je dois partager ma fortune avec elle.

— Chère enfant, dit le tuteur, je vous sais un gré infini de ce bon sentiment, je le comprends, je l'approuve, et peut-être ne m'opposerais-je pas, jusqu'à un certain degré, aux effets de votre générosité, si je n'étais pas votre tuteur ; mais vous comprendrez qu'avec ce titre ce serait me déshonorer que de vous laisser faire de votre fortune un usage semblable, car vous ne pouvez rien faire qu'avec mon autorisation. N'en parlons donc plus. Georges et Mary sont jeunes, ils peuvent attendre : l'amour vrai est comme le vin qui gagne à mûrir, et qui a besoin de quelques années de bouteille ; leur amour n'en sera pas plus mauvais pour avoir cinq ou six ans de cœur lorsque viendront les noces.

Le tuteur fut inflexible. Élisabeth aurait mieux aimé faire tout d'un coup le sacrifice qu'elle avait résolu — cependant il se passa deux ans sans que Georges réussît à obtenir un bénéfice — plusieurs fois Élisabeth renouvela ses offres sans succès — le père de Mary tomba malade et mourut. Élisabeth trouva la même résistance chez Georges et chez Mary. Mais, par un hasard inespéré, lord*** se rappelant une ancienne amitié, qui avait existé, disait-il, entre son père et le père de Georges, lui offrit une position importante, dont la nomination lui appartenait. Ce coup de fortune mit le comble aux vœux des deux amants, qui ne tardèrent pas à se marier. Élisabeth se fit construire une jolie maison auprès de celle du nouveau ministre. Elle repoussa sans affectation toutes les propositions de mariage qui lui furent faites, trouvant à celui-ci tel défaut, et tel vice à un autre — l'un était trop beau, un autre trop laid ; celui-ci avait l'esprit méchant, celui-là n'avait pas d'esprit du tout ; si l'un était trop maigre, l'autre était trop gras, etc., si bien qu'elle resta fille. Georges et Mary eurent plusieurs enfants ; Élisabeth se consacra entièrement aux soins de les élever ; elle en avait tou-

jours au moins un chez elle — les enfants croyaient avoir deux mères — maman Mary et maman Élisabeth.
— Pour Mary et pour Georges, Élisabeth était une sœur chérie, qui prévoyait tout, qui arrangeait tout, qui dissipait les nuages légers qui obscurcissent parfois l'horizon de la félicité la plus parfaite.

A force de noblesse et d'élévation, Élisabeth se fit un bonheur de son sacrifice. — Elle avait aimé Georges, elle l'adorait — mais elle passait sa vie avec lui, mais elle était la seconde mère de ses enfants, mais c'était à elle qu'il devait tout son bonheur, car elle avait acheté secrètement ce bénéfice qui lui avait permis d'épouser Mary — elle se consacrait entièrement à lui. Jamais, pendant quinze ans, elle ne se démentit un seul instant; jamais elle ne laissa dépasser à son amour les bornes qu'elle lui avait prescrites, jamais elle ne ressentit même une joie secrète d'une querelle, d'une froideur entre les deux époux; loin de là, elle apaisait tout, elle ranimait tout, elle cultivait avec soin le bonheur de celui qu'elle aimait; elle lui conservait Mary comme elle la lui avait donnée, elle était heureuse de la singulière beauté de la femme de Georges, et si quelques qualités lui manquaient, elle commençait par faire en sorte que Georges ne s'en aperçût pas, puis elle faisait tout pour faire acquérir à Mary cette perfection nouvelle.

Sa grande joie était de jouer vis-à-vis du jeune ménage le rôle de la Providence.

Combien d'inventions ingénieuses, combien d'intrigues honnêtes pour donner de la vraisemblance à la réalisation des vœux ou des désirs les plus légers que Georges pouvait former! elle avait le même empressement pour les désirs de Mary, à cause du reflet de bonheur qu'en ressentait Georges.

Au bout de quinze ans — Georges tomba dangereusement malade — Élisabeth sut dissimuler ce qu'il y avait de trop dans sa douleur, comme elle avait su cacher l'excès de son amour — elle ne pensa qu'à lui. — Malgré la ferveur et l'ardeur de ses soins, elle prit garde que Mary eût toujours au moins en apparence l'avantage sur elle sous ce rapport; — Georges aurait souffert de voir plus de sollicitude à une autre qu'à sa femme qu'il adorait.

Malgré les vœux, malgré les prières, malgré les soins, il mourut. Alors seulement Élisabeth, pour la première et pour la seule fois, permit à son amour de se manifester. — Mary pleurait avec ses enfants dans une chambre voisine. — Élisabeth veillait seule auprès du corps mort de Georges, à la lueur de bougies allumées.

Elle découvrit la face immobile et calme du mort.

— Georges, dit-elle, pour la première fois je le dis aujourd'hui... je t'aime.

J'ai su me faire un bonheur de te voir heureux, même dans les bras d'une autre.

Toi mort, je me ferai une consolation en te remplaçant auprès de ceux que tu aimais sur la terre. Ton âme pourra venir nous visiter, et tu nous trouveras toujours comme nous étions autour de toi. — Je ferai ce que tu as regretté en mourant de ne pouvoir faire. — Je n'ai pas été ta femme, ni ta maîtresse ; tu as ignoré toute ta vie l'amour le plus tendre qu'une femme ait jamais ressenti. — Mais je suis ta veuve, cependant.

Puis elle déposa un baiser sur les lèvres froides et pâles du mort.

Le seul baiser d'amour qu'elle ait donné dans sa vie. — Elle tint parole — elle demeura avec Mary et avec les enfants de Georges — elle prit le deuil avec la famille, mais elle le garda après et elle le conserva toute sa vie.

Elle se fit mieux qu'une consolation, elle se fit un bonheur de remplacer Georges auprès de ceux qu'il avait aimés, elle entoura Mary de soins et de prévenances. — Quelques années plus tard, Mary songea à se remarier. — Un moment, Élisabeth sentit une joie secrète en pensant qu'elle serait la seule veuve de

Georges — puis elle revint à son sublime dévouement, elle ne voulut pas que la femme que Georges avait aimée fût indigne de lui, même après sa mort; elle lui fit comprendre — qu'une femme n'est avec dignité épouse et veuve qu'une fois — que celle qui avait été la femme de Georges, que la mère des enfants de Georges, ne devait jamais quitter son nom ; jamais recevoir un autre homme dans ses bras ; jamais porter dans ses flancs d'autres enfants qui ne seraient pas les enfants de Georges. Mary mourut la première. Élisabeth la fit enterrer auprès de son mari. Elle resta la mère, la seule mère des enfants de Georges, elle les maria et les établit ; puis elle leur assura tout son bien, puis elle attendit la mort qui devait la réunir à l'*homme* qui avait été son seul amour, et lorsque, entourée des enfants et des petits-enfants de Georges qui pleuraient agenouillés contre son lit de mort, elle sentit son âme se détacher de son corps, elle ne dit que ces deux mots : « *Enfin... Georges...* » et elle mourut en laissant sur son visage l'empreinte de l'espérance et de la joie.

IV

LA QUESTION DES CHIFFONS.

« Les belles choses sont pour les belles, » — dit Shakspeare.

Les femmes ont un goût naturel pour tout ce qui est beau, élégant, éclatant et riche ; c'est un goût auquel il faut attribuer les plus grands progrès de l'industrie et des arts. En France, je le sais, ailleurs, je le suppose, les vrais poëtes en tous genres, qu'ils soient musiciens, écrivains ou peintres, ne travaillent que pour les femmes ; semblables en cela à nos ancêtres les Gaulois, qui, « ne connaissant d'autre art que l'art sauvage de la guerre, étaient surtout sensibles aux louanges des femmes après le combat, » dit Tacite.

Outre le goût naturel pour les pierreries, les étoffes précieuses, les ornements de toutes sortes, les femmes attachent à la parure des idées qui augmentent singulièrement ce goût et en font une passion.

Les femmes reçoivent tout des hommes; les hommes donnent aux femmes parce qu'ils les aiment; ils les aiment parce qu'ils les trouvent belles. Le témoignage des miroirs ne suffit pas, les parures sont pour les femmes un tribut payé à la légitime royauté de leurs charmes; elles sont une reconnaissance de ce pouvoir, elles augmentent pour une femme la conscience de sa beauté, et en donnent une preuve aux autres femmes. — La femme parée n'est pas seulement la femme qui croit sa beauté augmentée par ses ornements, c'est le Huron portant à sa ceinture les chevelures, témoignages de ses victoires; c'est le soldat orné de ses épaulettes et de ses croix. C'est la divinité païenne, qui, non satisfaite de humer l'encens des humains, veut encore voir ses autels chargés d'offrandes et d'ex-voto, et exige qu'on immole des victimes grasses et qu'on fasse des sacrifices à sa puissance.

Ainsi, pour la plupart des femmes, il ne suffit pas que les offrandes soient des objets riches et éclatants, il faut encore que ce soit un peu extravagant, et qu'ils attestent que la piété de leurs adorateurs va jusqu'à la folie.

Les femmes étant ainsi faites et ainsi élevées, il s'ensuit un désordre moral qui doit offenser tout esprit droit.

On apporte en France un châle, une étoffe, un diamant, auxquels la rareté, la beauté réelle, donne une grande valeur. Pour qui sera ce diamant ? Pour qui sera cette étoffe ? Pour qui sera ce châle ?

Logiquement, cette question serait facile à résoudre, puisque les robes, les châles et les diamants sont les seules récompenses que la société permette aux femmes d'obtenir, puisque c'est la seule gloire qu'elles aient à espérer, puisque c'est le seul prix, le seul honneur, la seule distinction qu'on leur ait fait envisager depuis leur enfance, où l'on a dit à la petite fille « Si tu es sage, on te mettra ta robe neuve ; » — puisque c'est la grande préoccupation de toutes les femmes et la seule préoccupation du plus grand nombre ; puisque toutes les circonstances de la vie des femmes ont pour résultat et souvent pour cause un changement de robe, —les robes divisent la vie des femmes en une foule d'ères et d'hégires : « Tel événement est arrivé à l'époque où j'ai eu cette robe de velours violet, tel autre quand j'ai acheté ma robe de satin broché. » Et pour les dates plus précises et plus rapprochées, vous entendrez : « La première fois qu'il m'a vue, j'avais une robe bleue. »

Quand on ne se marie pas uniquement pour mettre enfin la toilette de la mariée, soyez certain que cette pensée entre au moins pour quelque chose dans le mariage. — Tel mari n'aurait jamais été accepté si on avait fait attention à lui; mais on ne peut mettre le voile et la couronne de fleurs d'oranger, qui vont si bien, qu'en se mariant, et pour se marier, il faut un mari. — On le prend donc comme circonstance accessoire, comme on fait publier les bans, comme on loue des voitures; — beaucoup aimeraient autant se marier sans mari, mais ce n'est pas l'usage. — On va confier son bonheur et sa vie tout entière à un homme presque inconnu, on va subir des devoirs nouveaux et plus sérieux qu'on n'en a eu jusque-là; on va quitter la maison où on est née, les parents qui vous ont élevée. — Eh bien! tout cela disparaît, ou au moins s'efface beaucoup et se range parmi les sensations du second plan, en face des préoccupations de la toilette de la mariée.

On perd une parente; la douleur est profonde, mais elle sera bientôt suspendue par le soin du deuil; il ne se passe pas une heure sans que

<blockquote>L'on se soit demandé</blockquote>

« Que porte-t-on? comment témoigne-t-on sa douleur cette année? » Il faut aller chez la modiste, chez la couturière, chez la marchande de nouveautés, ce qu'on fait avec moins de scrupule depuis qu'on a imaginé d'ouvrir des magasins où l'on ne vend que des objets de deuil ; cela finit bien vite en soins de parure, et il ne reste plus guère de place pour le chagrin, à moins que le chapeau ne soit trop large ou trop étroit de *passe*, selon que cette année *on* les porte trop étroits ou trop évasés ; à moins que la robe n'aille pas bien. Mais il n'arrive jamais d'accident de ce genre, le chapeau est à la dernière mode. Quand vous faites une visite à une amie, elle vous dit : « Vous avez donc perdu votre cousine ***, c'est un événement horrible. — Vous avez là un ravissant chapeau... — Elle était toute jeune... — Est-ce toujours madame *** qui vous l'a fait ?

— Oui, elle me coiffe depuis trois ans.

— Il vous sied on ne peut mieux. — Je prends bien part à votre chagrin.

— Je l'aimais comme une sœur, c'est un grand vide qu'elle laisse dans ma vie. — Comment trouvez-vous cette étoffe ?

— Admirable. — Où l'avez-vous eue ?

— Au Sarcophage... — Elle laisse deux pauvres petits enfants. »

Et l'amie vous porte envie ; elle perdrait volontiers quelqu'un pour pouvoir porter ce chapeau et cette robe, et elle se dit : « A mon premier deuil, j'irai au Sarcophage ; » et elle cherche dans la famille qui est assez vieux ou assez malade pour faire espérer bientôt cette belle robe.

De même que tout événement, toute alliance, toute amitié sert de prétexte à une robe. — Une amie donne un bal : — robe ; — elle se marie : — robe ; — elle meurt : — robe, robe et toujours robe.

Puisque les ajustements ont cette importance dans la vie des femmes ; puisque vous les voyez y tout sacrifier avec un dévouement qui va jusqu'à l'héroïsme ; puisque vous voyez celles qui n'ont qu'un médiocre revenu s'imposer plus de privations pour avoir de belles robes qu'aucun religieux solitaire ne s'en est jamais imposé pour gagner le ciel, — et même faire mourir de faim un mari et des enfants, avec un courage et un détachement des affections naturelles qui rappellent Brutus sacrifiant ses fils ; puisque rien dans l'éducation des femmes ne tend sérieusement à diminuer ce culte de soi-même, il faut donc, — logiquement, — que ce diamant, ce châle, cette étoffe, que la plus belle récompense soit pour la femme la plus sage, la plus vertueuse, pour celle qui a mis le plus de fidélité dans l'accomplissement de ses devoirs.

Eh bien ! — vous vous tromperiez grossièrement, — comme il arrive presque chaque fois qu'on veut juger ou préjuger logiquement les actions humaines, rien ne m'a autant trompé dans ma vie que la logique, et je m'en garde aujourd'hui de mon mieux. Le riche châle de l'Inde, l'étoffe nouvelle et précieuse, le diamant invraisemblable, ont mille chances contre une d'être destinés à quelque courtisane, laquelle l'étalera en loge à l'Opéra ou aux Italiens, à la grande humiliation des autres femmes.

Aussi les femmes de la société sont-elles tombées dans ce mauvais goût de s'occuper singulièrement des beautés vénales qui doivent quelque célébrité à la sottise de leurs adorateurs; — elles connaissent la figure et le nom des courtisanes un peu achalandées, et elles en parlent souvent entre elles avec une insistance qui prend le caractère de l'envie. — Elles critiquent leur beauté et savent qui leur a donné ce bracelet ou ces pendants d'oreilles; — si elles ne le savent pas, elles voudront le savoir, — une femme de la meilleure compagnie le demandera à un homme qui l'accompagnera à l'Opéra, ou qui sera allé la visiter dans sa loge; — elle se fâchera si, ayant été bien élevé et voulant rester un homme comme il faut, il refuse de lui manquer de respect, et, lui parlant de ces courtisanes, — s'il lui dit qu'il ne les connaît pas, elle n'en croira pas un mot. — Je ne sais rien qui m'ait plus choqué que ce mauvais ton des femmes du monde dans mes voyages à Paris depuis quelques années.

Il faudrait donc, en bonne morale, ou ne pas donner de préférence, ce qui est l'objet de l'ambition de toutes, à celles qui manquent ouvertement à tous les devoirs que nous imposons à nos femmes, ou bien s'efforcer sérieusement de modifier les idées des femmes à ce sujet, — et développer par l'éducation, jusqu'à en faire une religion, bien plus, un préjugé, — ce proverbe : « Bonne renommée vaut mieux que ceinture dorée, » — c'est-à-dire attacher à la simplicité des vêtements des idées d'honnêteté et de considération tellement connexes, qu'il soit honteux d'être parée à un certain degré.

Peut-être réussirait-on mieux dans la première tentative que dans la seconde; mais on n'essayera ni l'une ni l'autre.

Cependant la femme réellement intelligente doit rechercher dans la parure, non ce qui la fait paraître riche, mais ce qui augmente sa beauté, et la femme honnête ne doit penser à être belle que pour l'homme qu'elle aime. — Il faut dire, — hélas ! — que presque toutes les femmes ne se parent ni pour un mari, ni même pour un amant, et que leur toilette est l'aute que les Grecs avaient élevé « *à un dieu inconnu.* »

Les femmes qui sont le plus justement heureuses et fières de leur beauté sont trompées *en moins* par leur miroir. Jamais elles ne sauront tout ce qu'un homme amoureux leur ajoute de charmes qui ne sont visibles que pour lui. Quand sonnait minuit, les beaux habits de Cendrillon redevenaient des haillons, son cocher redevenait un rat et son carrosse une citrouille.

Cette transformation n'est rien à côté de celle qui s'opère lorsque sonne l'heure de désenchantement.— Ah! vous m'obligez de ne plus vous aimer, eh bien! je vous reprends tout ce que mon amour vous avait donné; — ah! si vous saviez combien vous lui deviez de beauté et d'esprit, vous ne pourriez pas survivre plus de trois jours à la perte que vous en faites.

On paraît être le grand tyran des femmes,—*On* fait ceci, *On* fait cela, —jamais on ne s'avise d'hésiter à obéir à on.

Les femmes exigent même que les maris reconnaissent la puissance de ce terrible on.

On porte les robes échancrées, *on* porte les chapeaux évasés, — *On* met cinq volants aux robes; mais j'ai quelque soupçon qu'*On* n'est si bien obéi que parce qu'*On* n'ordonne que des choses que les femmes ont envie de faire. Que *On* s'avise jamais de prescrire de ne porter qu'un chapeau par an, de n'acheter une robe que lorsque la précédente est usée, de s'habiller simplement et modestement, vous verrez ce que durera sa royauté.

Qu'est-ce que la mode? Qui est-ce qui promulgue les arrêts et les décrets de la mode? J'évite le mot loi qui entraîne avec lui une idée de stabilité ou au moins de durée. Dans quel temple se rendent les oracles de la mode?

Qui est-ce qui fait la mode? Des femmes, sans doute. Qui est-ce qui la suit? Toutes les autres. — Il est bien humble à toutes de se soumettre ainsi à la décision de quelques-unes. Écoutez une femme, elle ne porte rien dans sa parure qui ne soit commandé impérieusement par cela que toutes les autres le portent; mais interrogez en particulier chacun de ces tyrans, vous verrez que chaque femme a la même obéissance, la même abnégation.

Brantôme raconte que lorsque la reine Marguerite fut menée par sa mère au roi de Navarre, son mari, elle dit : « J'achève d'user mes belles robes, car quand j'arriverai à la cour, j'y entrerai avec des étoffes et des ciseaux pour me faire habiller selon la mode qui courra. »

La reine sa mère lui répondit : « Pourquoi dites-vous cela, ma mie? car c'est vous qui inventez les belles façons de s'habiller — la cour les prendra de vous et non vous de la cour. »

« Comme de vrai, » ajoute Brantôme:

A la bonne heure! voilà ce que j'appelle la conscience de la beauté. Si les modes sont créées par les femmes, pourquoi n'en créez-vous pas vous-mêmes? Croyez-vous que celles qui inventent les modes ne les accommodent pas à l'assaisonnement particulier de leurs propres agréments? — Soyez certaines qu'une mode imaginée par une autre femme aura pour but toujours de cacher un défaut chez elle ou de le montrer chez vous — ou de cacher une beauté chez vous, ou de la mettre chez elle en évidence. — La femme qui vous impose une mode arrive à ce résultat d'habiller non-seulement elle, mais aussi vous-même, au bénéfice de sa propre beauté. Celle qui a inventé les jupes traînantes, qui du reste ont de la majesté, cachait en même temps ses pieds qui étaient gros et plats, et les vôtres qui sont étroits et cambrés:

C'est une terrible position que celle d'un mari : — tout ce qu'il donne à sa femme, il doit le donner ; tout ce qu'il possède est à elle plus qu'à lui, car le partage égal le ferait déclarer égoïste, et jamais il n'arrivera à passer pour généreux dans l'esprit de sa femme, —

de même qu'on n'est pas vertueux pour ne pas voler. Je vois souvent à ce sujet une singulière erreur et une notable injustice des femmes :

Clotilde a un mari et un amant. — Je demande pardon à mes lectrices de cette horrible supposition. — Son mari n'a pas de fortune et elle ne lui en a pas apporté ; — mais, à force de travail, d'assiduité, de complaisances, d'abnégation, il est arrivé à occuper, dans une administration quelconque, une position importante, du moins quant aux émoluments.

Voilà le mari et la femme chacun dans une classe bien différente :

Le mari travaille ; — il vend son temps et sa vie ; — il arrive le matin à son bureau, et il y reste jusqu'au soir ; — il subit le supplice que le poëte latin inflige à un damné de l'enfer païen :

> . . . . Sedet æternumque sedebit
> Infelix.

La femme est libre ; — elle se lève quand il lui plaît ; — elle n'a qu'à choisir entre les divertissements et les distractions. Elle est rentière, et le mari est ouvrier.

Elle a trois cent soixante-cinq jours chaque année à

dépenser à son gré ; — le mari n'a que cinquante-deux dimanches et les soirées, — mais les dimanches et les soirées ne sont guère à lui. Quels reproches ne s'attirerait-il pas, s'il refusait d'accompagner sa femme dans le monde et au théâtre ! Qu'il avoue ou qu'il manifeste le besoin de dormir, lui qui s'est levé à six heures du matin et qui a travaillé tout le jour, sa femme, qui s'est levée à midi, et qui a passé la journée à se reposer de son sommeil ou de ses fatigues futures, l'accablera de sarcasmes et de dédain ;

Car il y a deux choses que les femmes ne pardonnent pas : le sommeil et les affaires.

Mais ce n'est rien encore que cette inégalité entre le mari et la femme :

Le mari de Clotilde gagne quelques milliers de francs par an. Avec cela on paye le loyer, les domestiques, la table, la toilette de Clotilde, l'habillement des enfants, les voitures, car Clotilde ne sort guère à pied.

Le mari fait faire un habit quand le sien est hors de service, un chapeau lui dure un an — il va à pied ou en omnibus, excepté quand il conduit Clotilde quelque part ; de tout cela Clotilde ne songe pas à lui savoir le moindre gré — c'est le nécessaire : ne pas donner le nécessaire à sa femme et a ses enfants, ce serait une monstruosité.

L'amant est riche — il est parrain du second enfant de Clotilde ; les mauvaises langues lui attribuent des droits à un titre plus doux ; — il y croit lui-même, et n'est pas fâché qu'on ait l'air de le soupçonner. — Il est assez intime dans la maison pour pouvoir faire quelques cadeaux ;

A la fête de Clotilde, au premier de l'an — à certains anniversaires, il se montre empressé et libéral ; — Ainsi, cet hiver, il lui a donné un châle qui a coûté mille francs. — Cet été, comme on doit aller aux bains de mer passer quelques semaines, il va offrir un très-beau nécessaire de voyage, il ne recule pas devant un prix de huit à douze cents francs. — Au premier de l'an, il a apporté pour son filleul une pleine voiture de joujoux magnifiques ; — on a estimé les joujoux à plus de cent francs ; — il a donné cinquante francs à la cuisinière de Clotilde et autant à la femme de chambre. Aussi il n'est question que de la générosité de M***. Le mari de Clotilde n'a donné à sa femme que des bagatelles ou des choses utiles, des choses indispensables ; — à ses enfants, y compris celui dont M*** est le parrain, — quelques joujoux sans importance ; un louis à chacune des servantes.

Aussi à quelles comparaisons désobligeantes il est sans cesse exposé ! — C'est M*** qui est le vrai maître des servantes — les enfants lui font un bien meilleur accueil qu'à leur père — Clotilde est touchée, attendrie de sa générosité — tout le monde de la maison trouve que le mari de Clotilde est en comparaison mesquin, ladre et pingre — il est complétement écrasé et effacé.

Cependant faisons le compte des deux hommes.

D'abord M*** ne travaille pas, il est riche de son patrimoine, il donne un peu de son argent; — mais il ne donne pas son temps, son travail et sa vie, ce que fait le mari de Clotilde qui en outre donne *tout* son argent.

Ceci est de l'arithmétique morale ; mais faisons de l'arithmétique pure et simple.

L'homme généreux, l'homme dont toute la maison parle avec attendrissement, respect et admiration, aura donné cette année à Clotilde, aux servantes et aux enfants, à peu près trois mille francs. — Eh bien! comptez combien de fois trois mille francs aura donné le mari pour les nécessités un peu exagérées de la vie qui ne lui attirent ni respect ni reconnaissance.

Ah! si le mari et l'amant pouvaient changer de rôle pendant une année seulement! Le mari ferait des économies et passerait pour généreux, — l'amant se ruinerait et s'entendrait reprocher son avarice.

Mais je dois demander encore pardon à mes lectrices de cette supposition — je ne connais pas Clotilde, je l'invente, et je doute fort qu'on voie de pareilles choses dans aucune maison ; j'ai seulement voulu démontrer que les femmes ne connaissent pas toujours le prix des choses et se trompent quelquefois sur la valeur des hommes.

V

LA NOBLESSE. — L'AMOUR ET LE MARIAGE.
— LA FEUILLE DE FIGUIER. — LES HERMAPHRODITES.
— LA ROBE BLEUE. — LA PESTE. — LE DIVORCE.

Ce sont les femmes qui mettent un peu d'ordre et de raison dans la société; — elles seules ont le courage, dans un salon, d'assigner son rang à un grand poëte, à un artiste distingué, fussent-ils pauvres, et de remettre à leur place les gens qui n'ont que de l'argent ou le nom de leurs ancêtres.

A ce sujet, je me permettrai une parenthèse.

Je ne suis pas tout à fait ennemi de la transmission héréditaire d'*une partie* de la considération qu'un homme de cœur et de génie a répandue sur son nom. — Noblesse oblige... quelquefois. — Mais il me semble incontestable qu'à l'égard de la noblesse, car c'est ainsi qu'on appelle ce reflet de considération, on devrait compter et procéder précisément en sens inverse de ce qu'on fait. D'après les idées admises sur ce sujet, les derniers descendants des grands hommes auxquels certaines familles doivent leur illustration sont beaucoup plus nobles que ces glorieux ancêtres.

Or, le fils d'un nègre n'est que mulâtre, le fils du mulâtre est quarteron ; puis, sous diverses dénominations, les descendants d'un nègre effacent graduellement et perdent à la fin le caractère de leur race.

C'est ainsi qu'il serait logique de procéder pour la noblesse. Le fils du grand homme anobli ne serait qu'à moitié noble, et le fils de celui-ci ne serait que quarteron ; puis, graduellement, il viendrait un moment où, au lieu d'être d'une plus haute noblesse, à proportion qu'il y a plus longtemps qu'on n'a eu de grand homme dans sa famille, on retomberait dans l'espèce commune, à moins qu'on ne se fît à son tour des titres nouveaux et personnels.

Si quelquefois noblesse oblige, on peut remarquer plus souvent qu'un homme très-distingué a absorbé pour quelque temps la séve de sa race et que rarement son fils a une valeur égale à la sienne. C'est une sorte de repos que prend la nature, de la même façon qu'on laissait autrefois une terre en jachère, c'est-à-dire sans culture pendant une année, après un certain nombre d'années de production, afin qu'elle pût réparer ses pertes et recouvrer ses forces. Le produit des récoltes précédentes payerait l'impôt et le fermage de l'année de jachère, mais ne suffirait pas pour payer dix ans, vingt ans de repos : de même le rayonnement de la gloire de ceux qui sont les ancêtres ne doit s'étendre que sur un nombre restreint de ceux qui n'ont pour mérite que d'avoir des ancêtres.

Revenons à notre sujet.

Dans l'amour, tout se fait à la dérobée, les amants aiment, désirent et recherchent la solitude. Ils n'imaginent pas d'île assez déserte pour y cacher leur bonheur ; ils ont horreur de l'indiscrétion des regards, et qui enlèverait le mystère à l'amour lui ôterait plus que je ne saurais dire. — C'est par degrés insensibles que des ravissements poétiques de l'âme on descend jusqu'à des joies plus substantielles ; l'amante n'a pas prévu l'instant de sa défaite, ni l'amant celui de son triomphe. Ces rapides moments sont ensevelis ensuite dans le mystère qui les fait presque oublier, ou du moins leur laisse une incertitude qui leur conserve longtemps tout leur charme.

Dans le mariage, au contraire, — non-seulement pour la fiancée et pour le fiancé, tout est prévu, fixé d'avance, — tous deux savent le jour et l'heure de chaque chose, mais encore toutes les connaissances des deux familles sont averties de façon à ne pouvoir s'y tromper. Tout se passe en public, et, si de quelques détails on est séparé par une porte fermée, ni les circonstances, ni le moment précis, ne sont pour cela ignorés de personne ; c'est comme le récit de l'ancienne tragédie :

A peine nous sortions des portes de Trézène...

Tout se passe conformément à un programme connu de tous.

Cela vient de ce que la civilisation a donné à l'amour toutes sortes d'infinies délicatesses, et que le mariage est resté pour ainsi dire à l'état sauvage et a gardé toute la crudité des mœurs antédiluviennes, c'est-à-dire de l'époque où la femme et l'amour n'étaient pas inventés.

Il faut que je revienne sur un sujet que j'ai déjà traité, parce que plusieurs lettres que j'ai reçues témoignent suffisamment que je suis loin d'avoir convaincu toutes mes lectrices. — Je veux parler des vêtements et des manières qui sont communes aux deux sexes.

Il n'y avait pas, dans l'origine, plus de différence entre un homme et sa femelle qu'entre un mouton et une brebis, qu'entre deux hirondelles ou deux pigeons de sexe différents. — C'était assez pour le but de la nature, la propagation de l'espèce ; on aimait momentanément une fois par an, vers le mois de mai ; par suite de quoi la femelle mettait bas un petit vers le mois de février. Mais, depuis ce temps, l'homme a perfectionné beaucoup de choses autour de lui ; aux glands des forêts il a substitué graduellement tous les raffinements de la cuisine ; à la feuille de figuier il a fait succéder des progrès qui, pour le moment, ont pour résultat des robes trop longues pour les femmes, et l'habit de sénateur pour les hommes. Il a trouvé les *roses remontantes* qui fleurissent toute l'année, et des femmes dont on est amoureux toute sa vie. On a compris pour ce dernier perfectionnement qu'il fallait rendre la femme beaucoup plus différente de l'homme que la nature ne l'avait créée ; — on a coupé les cheveux de l'homme, et on a laissé aux femmes le diadème de leur chevelure ; on a donné à celles-ci les vêtements flottants qui ont tant de grâce, de mystère, de décence et de majesté ; — on a mis les hommes à l'air et au soleil pour les rendre basanés ; on a serré les femmes à l'ombre pour les étioler un peu et leur faire une peau fine et blanche ; il a été dit qu'en public les femmes mangeraient à peine ; il a été convenu que les femmes feraient semblant d'être faibles et timides, et que les hommes feraient semblant d'être forts et courageux.

On a percé d'abord le nez, puis les oreilles aux femmes pour y accrocher divers ornements ; on a laissé leurs mains inoccupées pour qu'elles fussent grêles et blanches, et on a couvert leurs doigts effilés de bagues en pierreries ; on leur a réservé les riches étoffes et les couleurs éclatantes — les hommes ne se permettant que le drap et les nuances sombres. En un mot, les hommes ont voulu que les femmes fussent belles, non-seulement de leur propre beauté à elles, mais aussi de la laideur qu'ils se faisaient à eux-mêmes. — Ils sont allés jusqu'à fumer du tabac pour se rendre l'haleine infecte, afin de faire ressortir davantage l'haleine pure et suave de l'autre sexe. — Ils ont imaginé tout ce qu'ils ont pu pour s'enlaidir, je n'en veux pour preuve que le chapeau auquel on s'est arrêté, et qui a résisté à toutes les transformations de la mode.

Ils ont procédé comme les Gaulois, nos ancêtres, qui choisissaient un tronc d'arbre dans une forêt, et, à force d'y appendre tout ce qu'ils possédaient de précieux et les dépouilles de leurs ennemis, la pourpre des sénateurs et les anneaux d'or des chevaliers romains, en faisaient une divinité qu'ils adoraient sous le nom d'Irminsul.

C'est ainsi que l'on a fait la femme et l'amour.

Mais il s'est rencontré des hommes d'abord qui

n'ont pas compris cette charmante conquête — la seule dont je sache peut-être un véritable gré à l'esprit humain — ils ont été infidèles à ce pacte, à cette convention qui seuls peuvent nous conserver la femme, sans laquelle la vie serait une mystification monotone. Ils ont laissé pousser leurs cheveux et les ont fait friser ; ils ont coupé leur barbe ; ils ont enfermé leurs mains oisives dans des étuis de peau, pour les rendre aussi blanches et aussi faibles que les mains des femmes ; ils ont chargé leurs doigts de bagues, ils ont disputé aux femmes les riches étoffes, les couleurs éclatantes, les pierreries ; ils sont devenus débiles et ont abandonné tous les exercices du corps ; ils ont fait des mines et ont adopté de petites manières.

Alors naturellement il s'est trouvé des femmes qui, voyant ces hommes venir à elles, ont fait la moitié du chemin et sont allés à eux : — elles ont pris l'habitude de secouer la main, au lieu de donner leur main à baiser ; elles ont laissé voir qu'elles sont aussi fortes et plus résolues que les hommes ; elles ont revêtu les gilets, les pantalons et les cravates des hommes, sous prétexte de monter à cheval ; elles ont arboré jusqu'à notre hideux chapeau ; elles ont, au moyen du gilet et du jabot, dissimulé leur gorge ; elles sont allées dans les tirs et dans les écoles de natation, et quelques-unes ont fumé des cigarettes pour perdre la douceur de leur haleine.

De sorte que, à force de perfectionnements de ce genre, nous revenons tout doucement à l'homme sauvage — c'est-à-dire à l'homme et à la femme semblables, c'est-à-dire à l'homme mâle et à l'homme femelle, c'est-à-dire à l'amour grossier et périodique.

J'ai vu ce que peut devenir une femme qui se rapproche des hommes et qui ne conserve avec notre sexe que les différences que la nature lui a assignées ; je voudrais pouvoir faire passer un instant devant les yeux des lectrices cette hideuse chose. Mais dix volumes de paroles ne produiraient pas l'effet que causerait une minute de l'aspect de cette créature que je n'ai vue qu'une fois — Dieu aidant et moi aussi.

Cet être était *logeur* dans une rue qui avoisine la rue Rochechouart. *Il* avait une redingote vert-olive et un pantalon gris, de grosses bottes déformées, un chapeau devenu, sous la pluie, roux et un peu chauve, une cravate bleue et un col empesé : — *il* portait un jonc à la main — *elle* avait l'allure cadencée d'un tambour-maître — *il* n'avait gardé de son ex-sexe que des oreilles percées ; *elle* avait des cheveux gris taillés en brosse.

Un homme de ma connaissance demeurait dans l'hôtel garni que tenait ce monstre. Il m'avait averti du sexe de son logeur. Ledit logeur sortait comme j'arrivais. Je lui demandai l'homme que j'allais voir. « Jean, cria-t-*elle* à un domestique d'une voix rauque, monte voir si M. *** est chez lui. Allons donc ! — plus vite que ça, b..... de clampin ; as-tu peur de te fatiguer, sac.. n.. de D... de femmelette ? »

Elle exigeait qu'on l'appelât *monsieur*, et disait souvent : « Je suis bon garçon, moi » ou : « Parole d'honnête homme. »

Jamais je n'ai voulu, en retournant dans cette maison, m'exposer à revoir cet être hybride ; — mais je n'ai pu l'oublier, et chaque fois que je vois une femme adopter quelque partie de vêtement masculin, ou imiter les manières de notre sexe, je pense à ce personnage, et je me dis : «Voilà où cela conduit! » Si je pouvais joindre ici son portrait dessiné par Gavarni ou Henry Monnier, ma cause serait à tout jamais gagnée, et celles des lectrices de cette feuille qui ont des gilets et des cravates en auraient bien vite fait justice.

Parlons d'autre chose :

Les Égyptiens pensaient que le cœur de l'homme grossit depuis la naissance jusqu'à cinquante ans, puis qu'ensuite il diminue progressivement jusqu'à la fin de la vie.

Une femme qui aime un homme d'esprit l'aime moins pour l'esprit qu'il a que pour l'esprit qu'on lui trouve.

C'est un homme peu recherché des femmes que celui qu'elles ne croiraient enlever à personne. Ce n'est pas pour l'avoir, mais pour l'ôter à une autre que l'on prend un amant. Si une femme aimait la peste, il se trouverait des femmes pour rendre la peste infidèle et tâcher de la lui enlever.

Rien ne rend aimable comme de plaire — le succès engendre le succès, c'est pourquoi les grands artistes qui doutent toujours d'eux-mêmes ont besoin d'être flattés. Les femmes sans cesse entourées de flatteries et ne doutant jamais de leur succès doivent un grand charme et une grande puissance à cette conviction.

On ne parle pas à dix heures du matin à nue

femme comme on lui parle à dix heures du soir —
le soleil a une sévérité qui intimide les hommes ; la
nuit, au contraire, donne aux amoureux tout le courage qu'elle ôte aux autres hommes. Il suffit que
telle femme ait sa robe bleue pour qu'on n'ose plus
lui exprimer des sentiments qui auraient fait explosion si elle avait eu sa robe rose.

Une jeune fille, belle et charmante, va épouser
dans huit jours un vieillard décrépit, quinteux, sale
et malsain. Tous les amis de sa famille se succèdent
pour la féliciter, et ses amies à elle lui portent envie et la haïssent en pique-nique : —c'est que le vieillard est riche et a un titre. — Personne, excepté moi,
ne songe à la plaindre de la voir condamnée à cette
ignoble prostitution — et moi-même je cesse de la
plaindre quand je l'ai vue, car elle est enchantée et
enorgueillie. Personne non plus ne songe à la mépriser, le mépris est réservé pour les filles que la
faim force à se vendre pour cinq francs. — Pour moi,
après avoir vu ce spectacle, j'aime moins les femmes
pendant huit jours : — un seul fait de cette nature
déshonore toutes les femmes, en montrant que cela
est possible.

On prend soin de m'avertir de divers côtés que je

commets une grave imprudence en parlant des femmes comme je le fais — cependant celui qui se plaint de la piqûre des cousins témoigne qu'il a été souvent piqué, qu'il a l'épiderme *sensible*, et qu'il se promène volontiers sur le bord des ruisseaux où voltigent les cousins. Il n'y a qu'un homme qui aime les femmes qui peut en avoir assez souffert pour en savoir et en dire un peu de mal. D'ailleurs, je ne crois pas en dire de mal.

Je sais du reste un moyen plus vulgaire et très-facile de se concilier les esprits : parler bien des femmes en général, et en particulier les immoler successivement toutes à la vanité de chacune. C'est parce que je les aime que je n'agis pas ainsi.

On a supprimé le divorce comme *immoral*. On lui a substitué la séparation. Je crois que l'on s'est trompé.

Depuis la suppression du divorce, on l'a vu dans une progression assez inquiétante remplacé par l'arsenic.

Il y aurait, tant que l'on conservera la séparation, au moins une importante modification à y apporter.

L'homme séparé légalement de sa femme a perdu sur elle toute autorité, ou du moins celle que la loi lui laisse dans certains cas très-graves est tout à fait illusoire.

Pourquoi laisser aux époux séparés un nom commun qui les conserve encore solidaires et responsables des faits l'un de l'autre ?

L'homme peut rendre le nom commun odieux ou ridicule, rien n'empêche alors la femme de le quitter ; mais, si c'est la femme qui traîne ce nom dans la fange, l'homme, qui n'en a pas d'autre, est forcé de le garder et de le porter, quelque sali qu'il soit. La femme d'ailleurs n'est pas déshonorée parce qu'elle porte le nom d'un homme qui a des maîtresses. Il n'est pas commode pour un homme de porter le nom d'une femme qui a dépassé un certain nombre d'amants.

La femme séparée emporte tout ce qu'elle a apporté, — pourquoi l'homme, de son côté, ne garderait-il pas son nom ? — La femme pourrait alors reprendre le nom de sa famille en se faisant appeler madame.

Il est singulier que dans les séparations chacun reprenne son bien, dont aucun des deux conjoints ne veut laisser l'administration à l'autre, et que l'un des deux soit obligé de laisser à l'autre l'administration de son nom et de son honneur.

Je voudrais connaître une raison en faveur de cette inégalité ; je n'en ai pas trouvé jusqu'ici.

L'amour cesse presque toujours au moment où il allait devenir raisonnable et fondé sur quelque chose.

Entre la nouveauté et l'habitude, l'une attrait invincible, l'autre lien puissant, il y a à franchir un abîme dans lequel l'amour tombe et périt presque toujours.

Il y a des gens tellement grossiers, qu'on s'attriste de partager quelque chose avec eux. On s'accoutume à leur voir les richesses et les honneurs — mais on est choqué de les voir aimer et être aimés.

Voyez si les femmes peuvent impunément ressembler aux hommes. La calvitie ne messied pas à un homme. — J'ai entendu dire, sans être jamais de cet avis : « Les lunettes vont bien à M. tel. » Eh bien ! qui peut se représenter comblant les vœux de son amant une femme chauve et en lunettes ?

Il est une grande vérité que j'ai découverte il y a longtemps déjà, et malheureusement je suis obligé de la garder pour moi, faute d'avoir pu trouver un moyen convenable de l'exprimer ; cependant, elle est si importante *au fond*, qu'il serait bon de la faire apprendre par cœur dans les pensionnats de demoiselles : elle garantirait les filles et les femmes d'un piége dans lequel elles tombent le plus souvent. — Mais elle est si rude, si peu mesurée dans la forme, que, depuis une dizaine d'années qu'elle s'est épanouie dans mon cerveau, je n'ai pas osé la livrer aux imprimeurs ; car il n'y a pas eu jusqu'ici moyen d'en modifier la forme sans la détruire tout à fait. Je sais bien que beaucoup de personnes pardonneraient à la forme en faveur du fond, — et que je pourrais la dire à presque tout le monde individuellement. — Mais je viens encore de chercher pendant une demi-heure, et il est impossible de l'expliquer publiquement. J'en suis d'autant plus fâché, que le piége que je signalerais est toujours tendu, et que chaque jour il y tombe de nouvelles victimes. Je chercherai encore, mais je n'espère guère trouver.

VI

DEUX HISTOIRES. — UN SALMIS DE DENTELLE. — LES JEUNES FILLES. — PRODUIT DE LA DÉVOTION.

Il est fort difficile d'être juste — et encore plus de passer pour l'être — ou du moins ce n'est pas le même chemin qui conduit à ces deux résultats. L'homme injuste qui se laisse guider par la haine ou par la faveur sera, sans aucun doute, proclamé juste et équitable par ceux qu'il favorise. Mais l'homme juste en réalité, qui donne à chacun ce qui lui est dû, et qui prend pour guide de sa conduite cette règle : «*Amicus Plato, sed magis amica veritas* — j'aime Platon, mais j'aime encore mieux la vérité que Platon» — cet homme n'aura répondu, dans un temps donné, ni aux désirs, ni aux espérances de personne, et, chacun se croyant lésé chaque fois qu'il aura prononcé contre lui, tout le monde lui reprochera des injustices.

Je vais cependant, pour essayer de paraître équitable, raconter ici deux histoires que j'ai lues autrefois : l'une dans l'Anglais Addison, l'autre je ne sais où. — Je pourrais dire que la première de ces histoires prouve que les femmes ne valent pas grand'chose, et la seconde que les hommes ne valent rien. — Mais on fera bien de ne voir là que deux traits de perfidie isolés, et dont il serait injuste de rendre tout le sexe responsable.

Il y a une certaine époque où dans tous les romans l'héroïne, enlevée par des corsaires *barbaresques*, était menée au *sérail*; là, elle l'emportait par ses charmes sur toutes les femmes du *Grand Turc*, qui concevait pour elle une passion violente et respectueuse à la fois. L'amant s'introduisait dans le sérail ; au moment de s'enfuir avec l'objet aimé, il était découvert et condamné à être décapité ou empalé avec sa maîtresse ; mais, au dernier moment, le *soudan* se piquait de générosité et leur donnait la liberté avec d'immenses trésors.

Les relations qui ont suivi la conquête d'Alger ont rendu ces romans assez ridicules, en montrant sur quelles mœurs de convention ils étaient fondés, et en faisant voir l'impropriété et le barbarisme d'un grand nombre de termes et de dénominations.

Voici l'histoire :

Deux jeunes époux se promenaient sur le rivage, au clair de leur lune de miel; des *corsaires* les aperçoivent, les surprennent, les enlèvent, les *chargent de chaînes* et les emmènent en *esclavage*.

On les vend à un *soudan*. Le *soudan* devient éperdument amoureux de la jeune femme; mais celle-ci lui résiste avec opiniâtreté. Pour le mari, il est employé aux plus rudes travaux. Cependant le *soudan*, encore plus avare qu'amoureux, ayant appris que le mari est fort riche, consent à leur rendre la liberté moyennant une rançon ruineuse. Le mari n'hésite pas et écrit dans son pays; mais il ne reçoit pas de réponse. Un renégat, qui est très-avancé dans la faveur du *soudan*, qui s'est montré très-compatissant pour les souffrances du jeune ménage, obtient de son maître que le captif ira chercher sa rançon et celle de sa femme. L'amour qu'il a pour elle est un sûr garant de son prompt retour. Il part, il vend tout ce qu'il possède, et se hâte de venir délivrer celle qu'il aime. Il serait difficile de dépeindre la joie qu'elle montre en le revoyant. Le *soudan* le reçoit à merveille. On comptera la rançon le lendemain; mais dès ce jour il réunit les époux. Notre homme, exténué des fatigues de son rapide voyage, s'endort dans les bras d'une épouse adorée. Le matin il se réveille et ne la trouve plus à ses côtés. Il appelle, on entre, *on le charge de chaînes*, on le roue de coups de bâton.

Sa femme s'est enfuie avec le renégat, en enlevant l'argent qu'il avait apporté d'Europe. La colère du soudan est telle, qu'à force de mauvais traitements il ne tarde pas à faire périr son prisonnier.

Voici l'autre histoire :

Un négociant fort riche avait un fils unique. Ce fils était l'espoir et promettait d'être la gloire de son père. Jamais on n'avait montré autant d'aptitude au commerce. A l'école, il *prêtait* des noix à gros intérêt à ses camarades, c'est-à-dire qu'à celui qui n'avait pas de noix, il en donnait six aujourd'hui et s'en faisait rendre dix le dimanche suivant. On donnait aux enfants deux plumes par semaine : il ne se servait que de trognons et bouts de plumes jetés à terre, qu'il ramassait soigneusement, et il vendait à ses petits camarades celles que lui donnait le maître de pension.

Ces heureuses dispositions ne firent que croître avec l'âge, et devinrent une passion qui ne laissa d'accès à aucune autre. L'amour du gain prit graduellement chez lui des proportions inusitées même dans cette classe d'hommes qui n'a pas d'autre soin et ne reconnait pas d'autre mérite que de gagner de l'argent. Il avait vingt-quatre ans lorsque son père prit le parti de l'envoyer dans je ne sais quelle ville d'Amérique, pour y fonder un établissement qui devait fournir d'énormes bénéfices.

Mais une tempête survint, qui fit perdre sa route au navire démâté, lequel finit par venir échouer et se briser sur des récifs, auprès d'une île inconnue. Tout l'équipage fut noyé ; le jeune marchand fut jeté sur les rochers par les lames plus qu'à demi mort. Il fut longtemps sans connaissance ; quand il reprit ses sens, il se vit soigné par une femme. — Les ornements bizarres qui formaient sa parure lui firent reconnaître une Américaine sauvage ; si les os de poisson passés dans les oreilles, si les graines autour du cou et des jambes ne composaient pas une toilette très-riche, ni bien à la mode, en revanche la simplicité de ladite toilette permettait de juger, sans craindre d'erreur, de l'extrême beauté de la jeune fille. L'étranger ne put que la remercier du regard, tant il était brisé par les rochers sur lesquels la mer l'avait roulé. — Elle l'aida à se traîner dans une caverne, où, pendant quelques jours, elle lui apporta des fruits pour sa nourriture, et des herbes dont elle faisait des compresses pour panser ses blessures. — Quand il fut un peu rétabli, il lui exprima par ses signes le désir d'être mené dans un endroit où il y aurait des habitations. La jeune fille, employant le même langage, lui fit comprendre qu'il serait le très-bien venu parmi ses compatriotes, et qu'on lui prodiguerait les aliments les plus substantiels, mais dans le but de lui rendre l'embonpoint qui, joint à sa jeunesse, feraient de lui un rôti tendre et délicat — en un mot, l'île sur laquelle la tempête l'avait jeté était habitée par des anthropophages. Le marchand n'insista pas. — Cependant il ne tarda pas à s'établir entre les deux jeunes gens une tendre intimité; ce qui devint toute la vie de la jeune fille, ne fut qu'une distraction pour l'étranger; pendant les absences de sa maîtresse, il traçait des signes et des caractères sur l'écorce des arbres, mais ce n'était ni le chiffre de Nehala, ni le sien; il n'y fallait pas chercher ces tendres et peu ingénieux emblèmes dont on voit tatoués les arbres des forêts, où des amoureux ont caché leur bonheur.

Non, sur ces arbres le jeune homme avait tracé mélancoliquement des chiffres, des additions, des soustractions, au moyen desquels il avait établi par livres, sous et deniers, les pertes que lui avait causées son naufrage; et quand la jeune fille, s'échappant pendant la nuit pour lui apporter des ignames, des dattes et des cocos, passait quelques heures auprès de lui, il lui adressait tendrement des questions sur les productions du pays, sur ce qu'on y pourrait acheter à bon marché, sur ce qu'on y pourrait vendre cher. Il avait supputé ce que les rochers lui avaient coûté. Il avait porté la somme au débit de l'île, et il fallait que l'île, tôt ou tard, la lui rendît avec intérêt à six pour cent, et d'honnêtes bénéfices qui pussent compenser, non-seulement ses pertes, mais encore le temps qu'il y perdait à faire l'amour, au lieu de trafiquer avantageusement.

Il arriva un jour où Nehala vint lui dire qu'on apercevait un navire semblable à celui sur lequel il avait fait naufrage. — Il s'empressa d'établir des signaux sur le rivage. — Ces signaux furent aperçus, une barque se détacha du navire et aborda sur la plage de l'île. — Nehala se livra à un profond désespoir quand elle comprit que son amant allait partir; elle se jeta à ses genoux et le supplia de l'emmener. Le jeune marchand y consentit; elle baisait ses mains et ses genoux pour lui montrer sa reconnaissance. Le navire les reçut et continua sa route. Le premier soin du naufragé fut de reporter correctement sur un vrai livre de papier la situation et l'encaisse qu'il n'avait pu confier qu'aux arbres de l'île qu'il abandonnait. — Sans cesse il relisait les détails peu consolants de ses pertes et méditait sur les moyens de les réparer en recouvrant ce que lui devait l'île sur laquelle il avait fait naufrage.

De ce navire, il ne tarda pas à passer sur un second qui le porta à sa première destination; là il suivit scrupuleusement les instructions de son père relativement à l'établissement qu'il avait été envoyé pour fonder.

— Et Nehala ?

— Attendez donc, laissez-moi vous dire le plus pressé. En peu d'années cet établissement prospéra tellement, qu'il put retourner en France avec des résultats magnifiques.

— Et Nehala ?

— J'y arrive... Et quand son père, après l'avoir embrassé, voulut voir les détails des opérations si habilement et si heureusement conduites qui décuplaient sa fortune, il vit avec admiration sur les livres de commerce de son fils :

« Ile de*** sur les récifs de laquelle j'ai naufragé le
« 17 mai 17...

« *Doit* : 5 colis cuirs salés
   « 1 baril bismuth
   « 1 caisse drogueries, etc., etc. »

Et sur le feuillet correspondant placé vis-à-vis :

« Ile de***, etc., etc.

« *Avoir* : Vendu Nehala, 4,000 fr. »

On raconte qu'une madame de Puysieux, sous Louis XIV, aimait tant la dentelle, qu'après en avoir fait tout ce qu'une femme peut en faire raisonnablement, et même un peu au delà, elle avait fini par porter la manie à un point singulier : elle faisait chercher et acheter à tout prix les plus belles dentelles, et elle les mangeait hachées menues et assaisonnées.

Qu'une femme paraisse dans un salon, très-parée, que ses ajustements riches, somptueux, de bon goût, effacent à l'instant ceux de toutes les autres femmes, il lui semble que rien ne manque à son bonheur, et son visage s'embellit de l'idée de ce précieux triomphe. Il faut cependant avertir les femmes d'une chose à ce sujet : c'est qu'il suffit à une femme d'avoir une robe nouvelle, ou un chapeau neuf, pour que toutes les autres femmes soient prêtes à accepter comme chose prouvée et incontestable, et à propager avec empressement, toute calomnie qu'il plairait à n'importe qui de débiter sur elle ce jour-là.

L'empire de la beauté est tel, que j'ai entendu un homme d'esprit, auquel on reprochait son attachement pour une femme fort sotte, répondre : « Moi, je ne l'écoute jamais ; seulement je la regarde parler. »

Je suis allé un peu dans le monde l'hiver dernier,

et j'ai remarqué dans les habitudes des jeunes filles des changements qui ne m'ont pas paru heureux, à beaucoup près. Autrefois, au bal, les jeunes filles étaient toutes vêtues d'étoffes blanches, fraîches, légères et flottantes, qui correspondaient merveilleusement aux idées d'innocence, de virginité et de chasteté; cela faisait penser à des anges enveloppées dans leurs ailes. Elles n'avaient que des fleurs dans leurs cheveux et point de bijoux. Aujourd'hui elles portent des robes magnifiques d'étoffes très-riches et très-chères dont je ne sais pas trop bien les noms — ces robes ne doivent pas paraître beaucoup de fois dans un hiver. — On rehausse encore tant d'éclat par de gros bijoux et des pierreries. Ces robes blanches n'étaient variées que par des ceintures roses, blanches, bleues, lilas, etc.; tout le luxe de ces parures consistait en fraîcheur; une robe et des rubans ne devaient pas être plus froissés que ne le sont les ailes d'un papillon qui sort de sa chrysalide — cela ne disait pas qu'une jeune fille était riche, mais cela faisait penser qu'elle était propre, soigneuse, jeune, pudique, innocente. Mais aujourd'hui les toilettes magnifiques, variées, et pour ces deux raisons ruineuses, mêlent d'autres idées aux idées riantes et poétiques qu'inspire la vue d'une jeune fille : on calcule involontairement le total des dépenses faites en robes pendant un hiver, et on se demande si on est assez riche pour épouser une fille dont la beauté est d'un si coûteux entretien. Beaucoup de filles gardent plus longtemps qu'elles ne le voudraient ce titre respectable à cause de cet appareil dont elles croient leurs charmes fort accrus, et qui n'a pour résultats que d'en détruire la puissance sur le plus grand nombre des épouseurs. Outre cette révolution dans les ajustements, j'en ai vu une autre dans les manières : certaines jeunes filles secouent la main aux jeunes gens de leur connaissance, leur parlent à haute voix, forment entre elles, dans un coin du salon, des groupes auxquels viennent se mêler des hommes, et où l'on rit aux éclats.

Je voudrais pouvoir dire aux jeunes filles tout ce que ces façons de se conduire leur enlèvent de charmes. Jamais une jeune fille ne devrait être touchée par personne ; ses formes encore grêles et élancées, l'incertitude de son regard, tout semble lui indiquer que sa beauté est surtout faite d'innocence, de chasteté, d'ignorance. Sa beauté doit parler à l'âme et à l'imagination, et non aux sens comme celle des femmes.

De même qu'en donnant la main à un homme on doit ôter son gant, parce que la poignée de main est un signe de bonne foi et de confiance, l'ancienne civilité avait très-délicatement institué qu'un homme ne devait jamais présenter la main à une femme que gantée. On paraît aujourd'hui ne pas comprendre tout ce que ce respect habituel ajoute de ravissements à l'amour.

Une des bénédictions qu'attire incontestablement la dévotion sur les femmes qui la pratiquent assidûment, est d'augmenter à un très-haut degré certaines facultés. Ainsi, je suis souvent frappé de l'accroissement de la mémoire chez certaines personnes qui vont régulièrement à l'église « les dimanches et fêtes. » En effet, n'est-il pas surhumain de voir une femme qui a passé une heure et demie dans une église, qui y a prié, qui y a suivi la messe sur son livre sans en passer une ligne, pouvoir cependant vous détailler, sans en oublier la moindre pièce, la toilette de chacune des deux cents ou trois cents femmes qui s'y trouvaient en même temps qu'elle? Elle n'oubliera ni la chaussure, ni les gants — et n'attribuera jamais à une des fidèles les dentelles ou les bijoux d'une autre. Non-seulement cela exige, comme je le disais, un grand perfectionnement de la mémoire, mais encore un singulier et phénoménal développement de la vue, car les ferventes personnes placées à droite, à gauche, derrière elle, ne seront pas plus oubliées que celles qui sont placées devant — et elle les aura vues, elle aura retenu avec précision tous les détails, même les plus insignifiants en apparence, de leur parure, sans qu'on ait à lui reprocher des distractions notablement apparentes ni des mouvements de tête trop réitérés.

— Pourquoi les poëtes et les peintres représentent-ils par des femmes les plus grands fléaux de l'humanité : la Guerre — la Famine — la Peste — la Mort — les Parques — les Furies — les Harpies — les Sirènes ?

Ajoutons aussi que les plus belles choses sont aussi signifiées par des femmes : la Justice — la Vertu — la Pitié — la Bienfaisance — la Gloire, etc. — C'est que les femmes sont extrêmes en tout. — La beauté et les vertus des femmes sont supérieures aux vertus et à la beauté des hommes ; mais une femme laide et méchante est plus laide et plus méchante que le plus laid et le plus méchant des hommes.

L'avarice est un mot féminin ; — les peintres n'osent pas représenter cependant une femme avare : — c'est toujours par un homme qu'ils traduisent cette orrible passion.

J'ai entendu une femme dire : « Ça n'est pas commode d'être veuve, il faut reprendre toute la modestie de la jeune fille, sans pouvoir même feindre son ignorance. »

En général, les moralistes sont des pédants qui proscrivent les passions au lieu de les diriger ; — ils ne sont arrivés qu'à supprimer la vapeur, et non le feu et l'eau, de sorte qu'on ne voit rien.... jusqu'au moment de l'explosion. Ils proscrivent l'amour, et les poëtes, qu'ils traitent légèrement, ont parfaitement raison contre eux. L'amour est l'origine, la cause et le but de tout ce qu'il y a de grand, de beau et de noble. — Le vulgaire croit — d'après la Fable, — que la beauté est la mère de l'amour ; c'est l'amour au contraire qui crée la beauté, c'est l'amour qui met de l'expression dans le regard, de la grâce dans le corps, du charme dans l'esprit, de la vibration dans la voix ; l'amour est le soleil qui fait éclore les fleurs de l'âme : — c'est l'amour qui produit les nobles ambitions — c'est l'amour qui produit le génie.

VII

UTILITÉ DE L'HISTOIRE. —
A L'ÉGLISE. — LES VISITES. — L'ÉDUCATION ET LA VIE. —
LA BEAUTÉ ET LA MANIÈRE DE S'EN SERVIR. —
L'AGE DES FEMMES. — L'AMITIÉ.

Défiez-vous même des respects de la part des hommes. La femme prudente qui voit un homme à ses genoux fera bien de ne pas oublier que c'est cette posture que Jacques Clément trouva la plus commode pour poignarder Henri III.

Au commencement de la vie, la jeunesse peut tenir lieu de beauté aux femmes qui en manquent; plus tard, le sexe peut encore tenir lieu de beauté et même de jeunesse, mais seulement auprès des très-jeunes gens auxquels leur âge tient lieu d'amour.

La plupart des femmes ont une singulière religion : c'est le dimanche, en grande parure, qu'elles font à Dieu, dans ses églises, une visite de cérémonie, à l'heure où tout le monde y va, et où elles espèrent bien ne pas rencontrer le maître du logis ; alors chacune, sous air de prier Dieu, ne néglige aucun moyen de le faire oublier aux autres ; par la parure, par les attitudes, on s'efforce d'attirer la pieuse attention des fidèles de l'autre sexe, et de les damner, autant que possible, en leur faisant adorer des idoles.

N'est-ce pas le maréchal de Richelieu qui disait : « Il faut découdre l'amitié et déchirer l'amour ? »

Il y a une grande et terrible punition pour les voyageurs comme pour les amants inconstants : — c'est l'arrivée et le triomphe ; ils voient alors comment se ressemblent tous les pays et toutes les femmes.

— Le bonheur ! c'est cette maison si riante au toit de chaume couvert de mousse et d'iris en fleurs. Il faut rester en face ; — si vous entrez dedans, vous ne la voyez plus.

—Voici ce qui se passe dans les *visites* qui occupent une si grande partie de la vie de certaines femmes :

CIDALISE. — Que vous êtes bonne de venir me voir ! Il y a *un siècle* que vous ne m'aviez fait ce plaisir. — Que votre chapeau est donc joli !

ARAMINTE. — Vous trouvez ?

CIDALISE. —Il est d'un goût parfait ! il n'y a que vous pour avoir cette élégance distinguée.

ARAMINTE. — Vous êtes ce matin tout à fait en beauté, et ce négligé vous sied à ravir. — Je viens de voir Arsinoé ; — elle était odieusement fagotée.

CIDALISE. — Que voulez-vous qui aille bien à un pareil visage ? — Ah ! le charmant mantelet ! Qui vous l'a fait ?

ARAMINTE. — Madame ***. — Et Phylis..., qu'en faites-vous ?

CIDALISE. — Mais je n'en fais rien. — Qu'en pourrait-on faire ? — Ça n'a pas deux idées dans la tête. — Et puis... vous savez son histoire ?

ARAMINTE. — Oui, avec le chevalier.

CIDALISE. —J'ai failli lui fermer ma porte. — Eh quoi ! vous partez déjà ?

ARAMINTE. Oui : j'ai quelques emplettes à faire.

CIDALISE. — Ne soyez plus si longtemps sans venir, et ne soyez pas une autre fois si pressée.

Un peu après le départ d'Araminte, qui va raconter dans une autre maison que Cidalise est jaune comme un coing, et qu'elle met chez elle un négligé indécent, arrivent Phylis et Arsinoé.

CIDALISE. — Ah! que vous êtes bonnes de venir me voir! — Il y a un siècle que vous ne m'aviez fait ce plaisir. — Le charmant voile que vous avez là, Arsinoé! — et vous, Phylis, jamais je n'ai vu personne chaussée comme vous; mais ça n'est pas difficile, avec un pied comme le vôtre.

PHYLIS. — Parlez donc de pieds, vous qui avez des pieds d'enfant!

ARSINOÉ. — Je ne vous connaissais pas ce bracelet, Cidalise, il est *délirant*.

CIDALISE. — Araminte sort d'ici.

ARSINOÉ. — Ah!... elle m'avait dit qu'elle ne vous voyait plus.

CIDALISE. — Vraiment!... Eh bien! ça pourra bien lui arriver quelque jour : — si elle croit que le monde admet sans contrôle ses promenades au bois de Boulogne avec M. de...., elle se trompe beaucoup!

PHYLIS. — C'est une horreur!

CIDALISE. — Elle avait le plus extravagant chapeau

qu'on puisse imaginer — et un mantelet d'un ridicule !... elle était à faire peur ; et puis, elle ne sait pas s'en aller, j'ai cru qu'elle coucherait ici. — Eh quoi ! vous partez déjà ? au moins ne soyez plus si longtemps sans venir me voir, et une autre fois ne soyez pas si pressées.

Arsinoé et Phylis vont raconter ailleurs les prétentions à la sévérité de Cidalise, qui pourtant, etc. Cidalise attend une autre visite pour détailler l'affublement ridicule d'Arsinoé et les airs de prude de Phylis, qui cependant, etc.

Dans l'éducation des filles, en même temps qu'on leur dit que l'honneur consiste à n'avoir pas d'amants, d'autre part, en leur imposant des études, des gênes, des contrariétés, on ne leur propose d'autre but et d'autres récompenses que l'augmentation de leurs moyens de plaire.

— Ce n'est pas par l'austérité qu'on sauve un homme de la débauche — c'est par l'amour.

—Les hommes ont usurpé l'empire sur les femmes par la force, mais elles le reprennent par la beauté, et surtout par la manière de s'en servir. Il y a des femmes qui se donnent en bloc, celles-là sont exposées à faire de bien mauvaises affaires : elles ressemblent à quelqu'un qui irait au marché avec un lingot d'or ou avec un énorme diamant qu'il lui faudrait donner, faute de menue monnaie, pour la première chose qu'il voudrait acheter — fût-ce une botte de petits radis. — Parlez-moi pour réussir de celles qui ont de la monnaie, de celles qui payent ceci d'un sourire et cela d'une distraction, — qui octroient, selon la valeur exacte de leurs acquisitions, une petite pression de main, — ou un regard langoureux, — ou la rencontre de deux pieds sous une table, — ou des espérances plus ou moins vagues, selon le prix plus ou moins important qu'elles attachent à ce qu'elles veulent acheter ; les autres se ruinent dès leur première affaire.

—Quand il ne s'agit que de s'aimer, il n'y a pas de danger à se laisser mutuellement séduire par les charmes et les qualités l'un de l'autre ; — mais, quand il s'agit de mariage, il serait utile que chacun sût s'il pourra supporter les défauts de l'autre.

Parce que vous avez étudié les femmes et vous

pensez les connaître, ne vous croyez pas néanmoins à l'épreuve de leurs séductions. Heureusement pour vous qu'un regard, un mot, un sourire, vous feront oublier en un instant toute votre science et toutes vos découvertes.

On a beaucoup écrit pour et contre le mariage, pour et contre le célibat, et la question n'a pas été résolue. Je ne m'aviserai pas de donner mon avis à ce sujet — je ferai seulement remarquer que le célibataire peut toujours cesser de l'être au moment où il découvrira qu'il s'est trompé.

Quand une femme dit d'une autre femme : « Elle est bien faite, » cela veut dire qu'elle louche et qu'elle a des marques de petite vérole. — Si elle dit seulement que « c'est un bonne personne, » jugez hardiment que celle dont elle parle est laide et contrefaite.

Il se trouve quelquefois des femmes qui aiment mieux faire des vers que d'en inspirer, qui aiment mieux être le prêtre que le dieu, et qui descendent du ciel pour arracher l'encensoir à leurs adorateurs.

Il n'est pas rare de voir une femme arriver aussi sûrement et certainement plus vite à la vérité, par la force et la spontanéité de l'intuition et du sentiment soudain, qu'un homme par la méthode et la justesse du raisonnement.

On reproche souvent aux femmes l'habitude qu'ont la plupart d'entre elles de ne pas dire la vérité sur leur âge. Il me semble que cela dénonce un ridicule des hommes bien plus qu'une fausseté des femmes.

Qu'est-ce, en effet, qu'on doit entendre par la jeunesse d'une femme, et en quoi est-ce un avantage?

C'est que ordinairement, dans la jeunesse, une femme possède un frais et rose duvet de pêche sur une peau ferme et unie; une taille flexible, une démarche légère, trente-deux dents blanches et polies; les yeux, fenêtres de l'âme, scintillants d'un éclat voilé.

Beaucoup de femmes de trente ans ont conservé ces avantages — beaucoup de femmes de dix-huit ans ne les ont plus ou ne les ont jamais eus.

Heureusement pour celle-ci qu'il se trouvera toujours assez de niais pour préférer la femme de dix-huit ans, *parce qu'elle est jeune.* Je comprends très-bien qu'on demande l'âge d'une femme que l'on n'a pas vue. — En effet, d'après l'âge d'une femme, on peut faire des conjectures sur les charmes de sa personne ; il y a beaucoup de chances pour qu'une fille de dix-huit ans soit plus jeune qu'une femme de trente ans. Mais à quoi sert de demander l'âge d'une femme que l'on peut voir?

Si vous étiez obligé de faire choisir à la cave quelques bouteilles de vin par un domestique normand qui ne connaît que le cidre, qu'il vous fût impossible d'y descendre vous-même et de goûter le vin, il serait très-raisonnable de lui dire : « Si tu vois des bouteilles dont le goulot est surmonté d'une capsule de plomb, et d'autres étroites et allongées au travers desquelles on aperçoit un très-long bouchon, — c'est bon signe : ce doit être du vin de Champagne et du vin de Bordeaux. Tu prendras ces bouteilles-là ? »

Mais si, ayant à choisir le vin vous-même, et descendu dans la cave, vous refusiez l'offre qu'on vous ferait de goûter les fûts, vous déclarant satisfait de la forme des bouteilles et de celle des bouchons, — je vous tiendrais pour un homme plus confiant que gourmet.

Or, la plupart des hommes attachant et surtout affectant d'attacher un prix énorme à l'étiquette de l'âge des femmes, c'est-à-dire, non à leur jeunesse en réalité, mais au nombre de leurs années — non à la jeunesse qu'elles ont, mais à celle qu'elles passent pour avoir — non à la chose, mais au nom, — il faut bien les servir à leur goût. — D'autre part, une fois qu'il est établi que les femmes se rajeunissent, elles auraient tort de ne pas le faire, car on ajoutera toujours mentalement quelques années à l'âge qu'elles se donneront, quand même elles ne dissimuleraient ni un jour ni une heure ; je ne parle pas pour moi, car sous ce rapport je ne me trompe guère, et ensuite je ne demande pas mieux que d'être trompé — et j'aimerais mieux une vieille femme qui serait jeune qu'une jeune femme qui serait vieille. — Cele a l'air d'une des opinions les moins hardies de M. de la Palisse — et cependant j'ai trouvé peu d'hommes de mon avis.

« Votre femme est une rose, disait-on à un poëte aveugle. — Je m'en doutais aux épines, » répondit-il.

— Relativement aux femmes et à l'amour — l'homme est bien faible, surtout quand il est fort.

— On appelle souvent vertueuses et on honore comme telles des femmes dont l'honnêteté consiste en ceci : acheter tout ce que les femmes achètent, et payer en billets qu'elles ne payent pas à l'échéance.

Je ne comprends pas l'amour pour une fille avec laquelle on a été élevé, à laquelle on a vu apprendre longuement et péniblement chacun des charmes qu'elle possède.

L'exquise propreté qui rend aujourd'hui la jeune fille si appétissante, je sais encore avec quelle peine on la lui a fait prendre en habitude dans son enfance, et quels hurlements elle jetait aussitôt qu'on lui passait un linge mouillé sur la figure. J'ai appris à danser en même temps qu'elle, et je me rappelle toutes les gaucheries, toutes les maladresses qu'il lui a fallu perdre une à une avant d'acquérir cette démarche noble et aisée qui lui donne aujourd'hui cet air imposant de déesse — *et vera incessu patuit dea.* — Comment oublier la voix de la vieille servante qui lui criait : Mais, « mademoiselle, voulez-vous bien ne pas monter aux arbres comme un garçon ! — Mais, mademoiselle, voulez-vous bien ne pas vous gratter ! —

Mais, mademoiselle, voulez-vous bien ne pas mettre vos doigts dans votre nez ! » etc. — Et, quand on admire sa voix fraîche et pure, et son talent sur le piano, puis-je jouir comme les autres d'un agrément que j'ai payé d'avance par cinq ou six années pendant lesquelles je l'ai entendue faire sans interruption des gammes inexorables — et par tous les tons faux et discordants qui sont sortis de son gosier pour mes oreilles avant qu'elle arrivât à cette justesse qui enchante aujourd'hui ?

Je ne sais s'il peut y avoir de l'amour sans illusions, sans mystère, sans curiosité ; — mais du moins c'est ainsi que l'amour commence avant de devenir une vivace habitude assez robuste pour s'alimenter de réalités.

Je ne sais plus quel jésuite qui faisait des vers latins fut informé un jour qu'un auteur, son contemporain, l'accusait d'avoir commis une faute de quantité dans un mot, et d'avoir fait brève de son autorité une syllabe que l'on trouve longue dans Virgile et dans Perse.

Le poëte publia une satire contre son critique ; et, dans cette satire, il l'appelait traître, voleur, faussaire, empoisonneur, assassin. Je passe quelques épithètes qui effaroucheraient les lectrices.

Des amis communs les rapprochèrent. Après explication, le critique reconnut que ladite syllabe ayant été employée comme brève par Martial et par Ovide, le Père avait été dans son droit, et qu'il n'y avait plus de faute dans son vers. Le poëte, de son côté, reconnut que, puisqu'il en était ainsi, le critique n'était ni un traître, ni un voleur, ni un faussaire, ni un empoisonneur, ni un assassin, ni aucune des choses que je n'ai pas voulu désigner.

C'est ainsi que pensent les femmes en général de toute femme qui se trouve sur leur chemin et gêne leur vanité ou leur amour. Il y a certaines qualités qu'elles attribuent sans examen à la femme qui aime l'amant d'une autre, telles que l'impudicité, la perfidie, la scélératesse, la dissipation, la prodigalité, etc., etc. Mais elles lui feront grâce volontiers de toute cette nomenclature, si elles peuvent la trouver, la dire et la faire croire laide.

L'amitié n'existe pas plus entre deux femmes qu'entre deux épiciers domiciliés en face l'un de l'autre. L'amitié d'homme à femme est une chimère, à moins que l'on ne donne le nom d'amitié à une liaison dans laquelle l'amour est devenu l'accessoire après avoir été le principal. Mais je parle de cette amitié que les femmes vous proposent si facilement en retour d'une déclaration d'amour, c'est-à-dire une amitié pure de tout... amour.

On comprend très-bien que l'amour se décide à la première vue, mais l'amitié ne peut naître que d'une longue habitude ; l'homme auquel on fait cette proposition a donc le droit de répondre très-raisonnablement : « De l'amitié, madame ! pardon ! mais je ne me décide pas si vite, je ne sais pas, je ne saurai pas de longtemps si vous méritez mon amitié ; pour l'amour, c'est une autre affaire, vous me plaisez, votre présence accélère les battements de mon cœur, j'ai de l'amour pour vous ; — mais de l'amitié, nous en reparlerons plus tard. »

Les femmes, du reste, qui veulent qu'on croie à la pureté de leur liaison d'amitié avec un homme, y ajoutent peu de foi quand il s'agit d'autres femmes qu'elles-mêmes, et elles ne répondent que par un sourire d'incrédulité à l'affirmation qu'un homme leur fait qu'il n'a avec une femme de leurs amies qu'une liaison de tendre amitié, dégagée de tout ce qui appartient à l'amour.

Je n'aime pas qu'une femme parle de sa propreté, laquelle cependant, a-t-on dit avec raison, est une demi-vertu ; ni qu'elle affecte, comme font beaucoup, de mentionner qu'elle prend souvent des bains, etc., de même que je n'aime pas qu'on m'avertisse que je bois de l'eau filtrée : la mention que l'eau est filtrée me rappelle qu'elle en avait besoin, et qu'elle n'a pas toujours eu cette transparence et cette limpidité.

Je n'aime pas non plus qu'une femme parle de son corps, surtout en détail ; qu'elle dise : « Je me suis cogné le genou, » ou : « J'ai acheté des jarretières, des chemises. » Ceux-là seuls me comprendront qui comprennent comme moi tout ce que les vêtements longs, amples et flottants, donnent à la femme de charmes mystérieux et de grâce ineffable.

VIII

LA MORALE DE PAPIER

Les moralistes souvent ressemblent à ces gens qui cherchent le mouvement perpétuel, et qui dans leurs combinaisons ne tiennent compte ni des frottements, ni de la résistance d'abord et de l'usure ensuite qu'ils amènent. Ces gens construisent des vertus qui fonctionnent admirablement sur le papier et en petit, mais qui, appliquées en grand, s'emmêlent, s'enchevêtrent et se cassent : par exemple, ils suppriment un beau jour les égouts. En effet, disent-ils, — ces cloaques sont hideux aux yeux et infects à l'odorat. Mais, comme ils ne peuvent supprimer la pluie, comme ils laissent subsister les ruisseaux, ils n'obtiennent qu'un complet gâchis et une inondation générale de fange. La vapeur leur déplait, ils bouchent l'orifice des chaudières ; mais, comme ils ne peuvent ni supprimer l'eau, ni éteindre le feu, ils ne réussissent qu'à causer de terribles explosions.

Je ne sais rien qui m'impatiente autant que ces austérités de papier qui, pour avoir l'air de placer la morale très-haut, amènent le résultat que voici : chacun exige que les autres pratiquent ces règles dans toute leur austérité, et en même temps s'en dispense parfaitement soi-même ; — bien plus, il arrive à la plupart des gens, sur les routes de la vie, ce qu'il arriverait aux chevaux sur le turf en pareille circonstance.

— Élevez des barrières de quatre à cinq pieds, les chevaux les franchiront ; — mais avisez-vous de placer des barrières de sept ou huit pieds, les chevaux passeront résolûment par-dessous, sans même essayer de sauter.

Voici deux filles en âge de se marier.

L'une appartient à une famille aisée, elle épouse correctement un homme accepté par la famille. Les parents, les amis, ont assisté au mariage ; la mariée a reçu de riches présents, elle est *dame*, elle commande dans la maison. Bientôt on se dit à l'oreille dans la famille que le ciel a béni l'union des jeunes époux ; cette heureuse nouvelle ne tarde pas à être communiquée aux amis et aux connaissances. L'amour de l'époux en est augmenté : tout le monde entoure la jeune femme de tendres soins et d'une sollicitude empressée; ses moindres caprices sont des lois, ses plus ridicules fantaisies sont prévenues. Bientôt elle promène avec fierté les signes visibles de son heureuse fécondité. Elle attend avec une impatience mêlée de quelque crainte l'instant où elle mettra au jour cet enfant si aimé d'avance ; elle a choisi le parrain et la marraine, elle cherche pour lui un nom harmonieux ; elle prépare la layette de cette chère poupée ; rien n'est trop beau et trop riche pour elle.

L'instant arrivé, sa mère, son époux, l'assistent et l'encouragent, les soins les plus minutieux l'entourent, un médecin choisi entre les plus célèbres, une garde expérimentée, ont été appelés longtemps d'avance. Elle restera dans une chambre embellie de tout ce que le luxe peut inventer, pendant tout le temps nécessaire pour conjurer tous les accidents possibles et impossibles. On lui tient compagnie, on lui parle de son marmot, on tire de ce rudiment de visage toutes sortes de pronostics heureux pour les vertus et les talents du nouveau-né, on lui présage les destinées les plus hautes. Pendant ce temps, la jeune mère, aidée d'une garde et d'une servante, soigne cette petite créature, pour laquelle tout ce qui est nécessaire et même inutile a été préparé à grands frais.

L'autre jeune fille est une ouvrière, vivant péniblement du travail de ses mains. Un homme se présente qui la demande en mariage; il faut faire chercher des papiers au pays du futur; cela amène des retards. L'ouvrière n'est pas gardée par une mère et par des servantes, il faut qu'elle sorte le matin pour aller en journée, et qu'elle revienne seule le soir. Son fiancé l'attend et la reconduit; il est amoureux, il prodigue les promesses et les serments, elle cède à sa passion; — puis les papiers n'arrivent pas, le séducteur disparaît; la malheureuse jeune fille s'aperçoit que sa faiblesse ne tardera pas à avoir des suites évidentes; si elle a une famille, elle n'a à en attendre que des reproches et de mauvais traitements; sa raison se trouble; que faire? que devenir? Elle dissimule de son mieux les premières apparences de sa situation; elle s'impose des tortures inouïes; elle décuple par là les incommodités naturelles de sa situation. Ces incommodités, il faut les cacher avec soin; bien loin d'attendre des secours et des encouragements, il faut ne pas interrompre un instant un travail assidu, à peine suffisant déjà. — Chaque jour elle augmente ses souffrances par des précautions nouvelles; mais elle a beau faire, les soupçons commencent à naître. — Ne croyez pas que ces soupçons excitent la pitié; non, elle ne trouvera que mépris et abandon : les gens chez qui elle travaille lui refusent de l'ouvrage; ses parents la chassent ou la maltraitent, de telle sorte qu'elle s'enfuit; elle va se cacher dans un grenier. — Là elle travaille encore, si toutefois elle trouve encore du travail; — elle travaille dans les intervalles que lui donnent ses souffrances. Personne pour l'aider, pour l'encourager, pour l'aimer. — Cet enfant qu'elle sent tressaillir dans ses entrailles, il n'aura pas de père, — rien n'est préparé pour le recevoir; — elle a vendu pièce à pièce ses vêtements pour subvenir à l'insuffisance de son travail; — cependant elle a fait une part pour celui qu'elle attend; cette part est sacrée; — elle n'a plus qu'une robe; — elle a employé jusqu'à la couverture de son lit pour lui faire des langes. Au dernier moment, une voisine est émue de pitié et vient l'assister; mais cette voisine est pauvre comme elle, elle ne peut que donner son temps et ses conseils; — pas une mère, pas un époux au moment de l'épreuve — pas de feu, pas de bouillon, pas de linge. — Cependant l'enfant a fait entendre un premier cri; — l'instinct maternel s'éveille, elle est heureuse, elle le couvre de caresses; — elle lui livre un sein à peine gonflé — elle retrouve du courage. — Au bout de deux ou trois jours elle se lève, elle reprend son travail; c'est pour lui qu'elle travaille maintenant. — Elle n'a plus besoin que de quelques heures de sommeil; son cher trésor lui donne une force surhumaine; elle voudrait tout lui donner. — Volontiers elle se priverait de nourriture pour lui acheter quelques ornements. — Elle ne mange que parce qu'il faut du lait à la chère créature, et que son lait se tarirait si elle ne mangeait pas.

Quel est le sentiment que doivent exciter ces deux situations à peine esquissées ? Sans doute la pitié, la compassion, l'admiration, pour la seconde des deux femmes. — La première est heureuse ; tout ce qu'on peut faire pour elle est de ne pas l'envier.

— Vous n'y êtes pas : — que la seconde vienne demander de l'ouvrage à la première ; que celle-ci apprenne que c'est une fille qui a un enfant, et il y a dix chances pour une qu'elle la repoussera avec dédain.

Partout la première sera estimée, honorée pour son bonheur ; la seconde sera méprisée, rejetée pour son infortune et pour son dévouement héroïque.

Et l'on s'étonne ensuite de la fréquence des infanticides, et l'on s'étonne du désespoir criminel dans lequel tombent tant de malheureuses créatures sur lesquelles on accumule toutes les misères et toutes les hontes ! Déjà leur situation, leur présent, leur avenir, sont de se dévouer à la misère, à la faim, à l'insomnie, pour élever leur enfant, et vous y ajoutez encore le dédain, l'abandon, l'insulte, et vous êtes surpris que, dans cette terrible alternative, entre un crime qu'on espère cacher, et qui alors enlève la misère et la honte, et un courage héroïque qui, pour prix des plus continuels et des plus complets sacrifices, n'attirera que le mépris, vous êtes surpris que ce soit quelquefois le crime qui l'emporte !

N'a-t-on pas de ce temps-ci supprimé plusieurs tours des hospices d'enfants trouvés, et les grands moralistes qui ont obtenu ce résultat n'ont-ils pas constaté avec orgueil qu'on déposait alors moins d'enfants dans les hospices, sans remarquer qu'on en déposait beaucoup plus sur les grandes routes, au fond des puits et dans les étables à pourceaux ?

C'est à tort qu'on a pris pour prétexte la crainte d'encourager le désordre ; — il est évident que la femme qui ne s'abandonne qu'après le contrat fait une meilleure affaire que celle qui cède à l'amour sans faire ses conditions, et que toute femme aimera mieux le premier parti que le second. Il est plus évident encore que toute femme qui abandonne son enfant y est forcée mille fois, et que cet instinct maternel, le plus puissant de tous les instincts, est une garantie suffisante contre l'abus de l'asile offert aux enfants.

Donc, au lieu de fermer les tours, offrez des retraites à ces pauvres créatures abandonnées, — créez des colonies où leurs dépenses et leurs travaux en commun arriveront à se compenser, et donnez-leur leurs propres enfants à élever, au lieu de confier les enfants trouvés à des mercenaires, et vous obtiendrez des résultats que toute la sévérité des lois n'a pu obtenir et n'obtiendra pas.

Et ne faites pas comme les chiens qui se jettent sur le chien que l'on bat, et qui le mordent à belles dents. — Apprenez à ne pas mépriser le malheur, ce sera déjà vous mettre en route pour le respecter.

Il est une autre considération qui m'a souvent frappé à propos des femmes de la classe ouvrière, et de l'insuffisance de leurs moyens d'existence. Les hommes ont graduellement et successivement usurpé tous ceux d'entre les métiers qui naturellement appartenaient aux femmes, qui pouvaient offrir des produits suffisants : — on ne leur a laissé que ceux qui n'ont pas paru mériter d'être pris, c'est-à-dire ceux qui ne peuvent nourrir et entretenir les malheureuses qui les exercent.

N'est-il pas honteux et criminel de voir dans les magasins de modes et de nouveautés, chez les marchands d'étoffes — ces armées de jeunes gens de vingt à trente ans, occuper leur vigueur et leur jeunesse à auner, à plier et à déplier des étoffes? N'est-ce pas là un métier qui devrait être exclusivement réservé aux femmes? Et les coiffeurs? Devrait-il y avoir des coiffeurs? Les femmes n'exerceraient-elles pas au moins aussi bien cette profession que les hommes, qui en ont tant d'autres où ils trouvent l'emploi de leur force, et qui ont toujours la ressource de se faire soldats? Tous les métiers qui se servent de l'aiguille n'appartiennent-ils pas aux femmes par une sorte de droit? — Devrait-il y avoir des hommes qui cousent? devrait-il y avoir des tailleurs?

Les seuls métiers que l'on a laissés aux femmes sont ceux qu'on a dédaigné de leur prendre, c'est-à-dire ceux qui ne les nourrissent que lorsqu'elles se sont habituées graduellement à vivre avec une nourriture insuffisante, qui ne leur permettent jamais de prévoir une maladie, encore moins la vieillesse.

Je suis arrêté à chaque instant par la crainte de choquer cette égoïste et cruelle pruderie qui met un voile sur les plaies pour n'avoir pas à les guérir; — cependant il faut que je dise la vérité.

On s'est élevé avec raison contre le célibat auquel on condamnait les filles dans les couvents; --là cependant tout les préserve, tout les garantit, tout calme ou distrait leur imagination. — Il ne vient pas, pour les recluses, se mêler aux instincts de l'amour les séductions du bien-être et du luxe. Qu'est-ce donc en comparaison que ce célibat au milieu du monde, au milieu de toutes les misères et de toutes les séductions auxquelles sont condamnées en si grand nombre les filles de la classe ouvrière? Comment espérez-vous qu'elles s'y résigneront toutes, et ensuite, parmi celles qui s'y résignent, croyez-vous qu'aucune ne cèdera aux entraînements, ne tombera dans les piéges sans cesse tendus sous ses pas?

Appelons fautes, si vous le voulez absolument, ces chutes presque inévitables ; mais mettons des gardefous aux précipices, jetons des ponts sur les rivières, — et ne nous contentons pas de jeter des pierres à ceux qui y tombent; et surtout ne nous enorgueillissons pas d'agir ainsi, et ne nous croyons pas vertueux pour cela.

Restituons aux femmes tous les métiers qui n'exigent pas la vigueur de l'homme ; faisons en sorte qu'elles puissent *gagner leur vie ;* car, sans cela, elles n'ont pas de position possible en dehors du mariage ou de la prostitution. Gardons le mépris pour la honte, et ne le déversons pas sur le malheur. Ne laissons pas tant de pauvres créatures séduites, trompées, abandonnées, dans une situation où il faut de l'héroïsme pour éviter le crime. Essayons une de ces colonies où ces pauvres femmes pourront nourrir et élever leur enfant en travaillant, et où elles ne rencontreront pas la honte pour prix de leur dévouement ; et vous aurez, en peu de temps, fait plus que les lois, qui n'atteignent qu'un très-petit nombre de faits, et qui, le plus souvent encore, reculent devant leur propre sévérité.

Certes, je n'espère pas que ces idées ne choqueront pas beaucoup de gens : je n'espère pas qu'elles seront immédiatement admises, — mais j'espère qu'elles tomberont dans un certain nombre d'esprits fertiles, dans lesquels elles germeront, s'étendront et porteront quelque jour des fruits mûrs.

IX

LES PRÉSENTATIONS

Dans la nouvelle aristocratie bourgeoise et financière, bien des gens se donnent beaucoup de peine pour montrer ce qu'on soupçonnait déjà, que s'ils ont attaqué et combattu les abus institués au profit de l'ancienne aristocratie, ce n'a pas été pour les renverser, mais bien pour les conquérir et en profiter à leur tour. — Je ne veux parler ici que des femmes. Eh bien ! certaines femmes ont dans les manières quelque chose d'apprêté, de roide, quelque chose de trop neuf qui aurait besoin d'être un peu chiffonné, et qui rappelle l'argenterie magnifique qu'un parvenu avait fait faire, et qu'il avait, — lui, — le bon sens de faire dégringoler par les escaliers, pour la bossuer et lui donner un certain air d'argenterie de famille venant d'ancêtres.

Ces femmes parlent et agissent comme danse un écolier à sa troisième leçon de danse : il fait des pas corrects avec des jambes en bois.

Je parlerai seulement des *présentations*.

On sait à quel point les Anglais poussent le scrupule minutieux des présentations; parlez à un Anglais d'un homme qu'il rencontre tous les jours depuis vingt ans, si cet homme ne lui a pas été officiellement et méthodiquement *présenté* par quelqu'un, il vous répondra qu'il ne le connaît pas, et on ne fait rire presque que les Français en racontant cette histoire d'un Anglais qui se trouve sur un bateau à vapeur au moment où un autre voyageur tombe à la mer. — « Monsieur, lui cria-t-on, vous voyez bien, voilà un homme qui se noie! » L'Anglais prend son lorgnon, regarde le patient, et dit : « Impossible, il ne m'a pas été présenté. »

Certaines habitudes anglaises ont amené nécessairement l'usage des *présentations*. Il est d'usage que les familles fréquentent certaines réunions publiques, dont on fait partie moyennant un prix fixe, telles que le Vauxhall, le Ranelagh, etc., qui sont loin de ressembler, on le comprend, aux bastringues qui ont été établis en France sous les mêmes noms. Des familles et des personnes inconnues les unes aux autres, se rencontrant dans un endroit public, ont besoin, pour établir même les relations passagères d'une contredanse, de trouver une garantie dans la responsabilité d'un ami ou d'une connaissance commune. D'autre part, les usages parlementaires qui groupent les hommes par nuances politiques, sans autres conditions, ont rendu aussi la formule de la présentation nécessaire, et il est devenu tout à fait d'usage qu'un homme, de même qu'un billet de commerce, ne circule et n'ait cours que dûment endossé et sous la responsabilité d'une signature connue et notoirement solvable. Autrefois, dans la société française, qui se piquait d'être la société la plus polie de l'Europe, il était convenu tacitement que le maître de maison couvrait de sa responsabilité et garantissait suffisamment les unes à l'égard des autres les personnes qui se rencontraient chez lui. On eût paru fort surpris et fort choqué que quelqu'un ne s'en contentât pas.

Mais l'invasion des *raouts* en France, les révolutions fréquentes survenues dans les fortunes et dans les positions, cette manie fâcheuse de vouloir recevoir beaucoup de monde, dont la moitié est inconnue aux maîtres de la maison, ont dû amener et ont amené l'usage de la *présentation*, — c'est-à-dire que le maître de maison ne répond pas plus de ses hôtes que ne le ferait le maître d'une taverne ou d'un bastringue.

Il est évident qu'il ne faut pas mettre et laisser en présence des gens qui ne savent réciproquement ni leur nom ni leur position; il faut bien que l'on sache qui est Oreste et qui est Agamemnon, pour ne pas parler légèrement devant eux de Clitemnestre ou d'Iphigénie. Mais l'usage d'*annoncer*, qui se perd chaque jour, obviait suffisamment à cet inconvénient.

J'admets cependant très-volontiers, attendu les susdites modifications survenues dans la société française, l'usage de la présentation; cependant il ne faudrait pas porter la chose à l'excès, et on l'y porte, — voici comment :

Quel est le but de la présentation? Voici deux personnes qui ne se connaissent pas; un ami commun qui les connaît toutes deux dit à chacune : « Je connais telle personne ; sa position sociale, sa probité, la rendent digne de votre estime ; ce n'est ni un filou, ni un homme mal élevé, je m'en porte garant. » Mais, quand il s'agit des gens d'une notoriété incontestable, dont vous savez le nom, la position, les antécédents, — il est puéril de feindre de ne les connaître pas quand vous les avez rencontrés chez un ami commun. J'entendais l'autre jour une jeune et jolie femme dire :

— J'ai été fort surprise hier, M. *** m'a saluée à la promenade, et cependant je ne le connais pas.

— Quoi !... pas du tout?... Vous savez toujours

qu'il s'appelle le comte de....; sa famille est historique, lui-même a été soldat et s'est distingué au service.

— Oui... mais...

— Vous l'avez rencontré dans le monde?

— Plusieurs fois... chez madame *** et chez madame ***.

— Eh bien?

— Eh bien!... il ne m'a pas été présenté.

J'aime mieux l'histoire de l'Anglais que je vous racontais tout à l'heure.

Cette femme, qui est une charmante personne, du reste, se trompait beaucoup dans ce qu'elle croyait être d'une exquise distinction. — Si ceci tombe sous ses yeux, je ne suis pas fâché de l'en avertir... de loin. Elle est jolie, et n'a guère tort en sa présence.

1° Un homme bien élevé salue une femme, parce que c'est une femme, ne l'eût-il jamais vue précédemment, s'il la rencontre dans une situation, dans un endroit où il est incontestable qu'il la voit et où il s'établit entre eux la plus passagère, la plus fugitive, la plus imperceptible relation, — telle que la rencontre dans un chemin étroit à la campagne, — surtout si le chemin est assez étroit pour qu'il faille le partager; — si elle passe devant lui, ou si lui est obligé de passer devant elle dans un escalier, par la même raison, et aussi parce que c'est une apparence de relation que d'entrer dans la même maison ou d'en sortir, et qu'un homme bien élevé ne laisse échapper ni une occasion, ni un prétexte d'être poli à l'égard d'une femme.

Si on avait dû faire une présentation entre cette charmante personne et M. ***, — et que cette présentation eût été faite par quelqu'un ayant du tact — on ne lui aurait pas présenté M. ***, — mais on l'eût présentée à M. ***, qui a cinquante-cinq ans, qui est d'une vieille et considérable famille, qui a une grande position personnelle, tandis que madame est une jeune, jolie et riche bourgeoise.

2° Il n'y a jamais aucune raison pour qu'une femme se montre surprise de la politesse d'un homme qui la salue ; ce serait montrer beaucoup de sottise ou beaucoup d'humilité. Je sais une ville de province, que je ne me soucie pas de nommer, — où les femmes ont établi qu'il est honnête et vertueux de prendre un air contrarié, désagréable et rechigné, lorsqu'un homme les salue. C'est manifester une extrême conscience de sa fragilité que de se sentir attaquée de si loin, et de se mettre en défense pour une hostilité aussi incertaine que l'est un salut. — Cela me rappelle toujours deux personnages de contes de fées : — l'un était si léger, qu'il mettait du sable dans ses poches au moindre zéphyr qui venait à souffler ; l'autre se croyait de verre, et évitait le moindre contact dans la crainte de se briser.

X

AUX MÈRES. — SUR L'ÉDUCATION DES ENFANTS. — L'ARGOT DES COUTURIÈRES

Au commencement de ma jeunesse, mon métier a été d'instruire les enfants. Ce qui m'a assez promptement rebuté, c'est qu'on ne me permettait pas de leur apprendre autre chose que le latin et le grec, — les deux seules langues qui ne se parlent pas ; — je fus averti et blâmé par le proviseur du collége parce que j'avais été dénoncé pour des attentats que je ne niais pas. — Ces attentats, en voici quelques-uns, du moins les plus graves : en traduisant et en faisant apprécier à mes jeunes disciples toutes les qualités de Virgile et d'Horace, j'avais cru devoir leur donner quelques avertissements : — quelque exquis que soit le sucre qui entoure une amande, si cette amande est amère ou gâtée, je pensais qu'il était bon de dire : « Sucez la praline, mais ne croquez pas l'amande. — Voyez en quels beaux vers Virgile vous parle des abeilles, mais sachez que les abeilles ne naissent pas de la chair corrompue d'un taureau ni d'un lion, sachez qu'elles n'ont pas de rois, mais des reines, » etc., et je leur disais sur ce sujet les vérités cent fois plus curieuses que la fable qu'ont découvertes Hubert, Réaumur, etc. Je disais quelquefois aussi : « Écoutez Horace et Virgile, quelles belles langues! quels beaux génies! — mais voyez cependant quel enthousiasme de domesticité, quelle pompeuse platitude dans la forme des louanges prodiguées à César! Voyez quelle bonne affaire faisait Auguste en protégeant les poëtes pendant sa vie, et comme ils ont en échange protégé sa mémoire depuis deux mille ans. Voyez les bornes du pouvoir de César, voyez l'étendue de la puissance des poëtes. Louis XIV aussi, « ce roi d'un grand règne, » leur a dû beaucoup. Il y a quelque part dans l'histoire une Marguerite, femme du dauphin, depuis Louis XI, qui a dû l'immortalité à un baiser donné par elle sur la bouche d'*Alain Chartier* endormi. — « Bouche qui a dit de si belles choses, » etc. Je fus invité à montrer plus de respect pour les Latins, et je ne tardai pas à jeter aux orties la robe noire et la toque. — Depuis, j'ai fait sans cesse une guerre

acharnée à cette instruction sans éducation, à ces études exclusivement littéraires qui vous laissent désarmé et ignorant aux portes de la vie, et, en 1850 à Paris, très-propre à vivre à Rome soixante-dix ans avant Jésus-Christ, conformément aux lois romaines, dussent les lois françaises vous envoyer aux galères.
— Cette guerre incessante a porté quelques fruits, et je me vante, chaque fois que j'en trouve l'occasion, d'avoir contribué à quelques modifications dans les études. — Il est bien entendu que je ne suis pour rien dans une invention ingénieuse et récente qui consiste à faire étudier, au lieu du latin de Tacite, d'Horace et de Cicéron, une variété du latin dit de cuisine, un patois employé dans les meilleures intentions du monde par des écrivains orthodoxes et barbares.

Quoique je n'aie plus l'honneur d'instruire directement la jeunesse, — ce qui, pris comme je l'entends, serait la plus noble comme la plus intéressante des professions, j'ai la conscience de lui avoir rendu service, et je regarde toujours de temps en temps ce qui se passe à son sujet. Ce que j'ai à dire aujourd'hui ne regarde pas l'instruction universitaire, mais l'éducation intime dans la famille.

Eh bien! quand je considère les soins que l'on prend des enfants, je suis frappé surtout des deux résultats que voici : on les trompe et on les corrompt.

L'enfant en bas âge est le plus faible peut-être de tous les petits animaux, — c'est du moins celui de tous qui reste le plus longtemps dans l'état de débilité, d'imbécillité et de dépendance absolue. — Eh bien! on cherche déjà à le tromper, on lui cache soigneusement et sa faiblesse et sa dépendance. — Qu'un maillot crie parce qu'il a faim, parce qu'il a soif, parce qu'il souffre, il est dans son droit; et le devoir, bien plus, l'instinct invincible de la mère est de le soulager. — Mais qu'il s'avise de tendre ses petites mains d'un côté ou d'un autre, le plus souvent par hasard, — on s'opiniâtre à deviner ce qu'il veut; on va lui chercher et on lui présente tour à tour ce qui se trouve dans cette partie de la chambre : — le miroir, le chat, l'oiseau, etc., jusqu'à ce qu'il saisisse quelque chose et s'amuse à le casser, à le pincer, à le plumer, etc.

Tout doucement la despotique bamboche remarque que tout le monde est empressé à la servir, que les gens, les choses et les polichinelles, lui obéissent, et que, à la moindre hésitation, elle n'a qu'à pousser quelques vagissements : choses et gens se hâteront d'accourir repentants, essoufflés, à ses ordres.

Eh bien! c'est une indigne tromperie que vous dressez au baby; — si vous ne faisiez que de le rendre méchant, dur, égoïste, il n'y aurait pas de mal quant à lui, ce serait assurer son bonheur dans la vie; mais ce n'est pas tout : vous lui faites croire qu'il est fort ; s'il vous bat, vous faites semblant de pleurer et d'avoir peur de lui, vous lui faites croire qu'il ne trouvera autour de lui qu'esclaves et amis, que les choses le comprennent et viennent à sa voix, tandis que plus tard il trouvera les choses indifférentes, les amis exigeants, les autres hommes ennemis. Vous le livrez désarmé aux mécomptes, aux désappointements, aux hostilités de tout genre.

Sans même regarder aussi en avant dans la vie, et à ne porter les yeux que sur le temps de l'enfance, il est facile de remarquer que les parents qui *gâtent* leurs enfants — c'est le terme consacré et dont l'habitude a fait disparaître le sens juste et énergique — sont en même temps ceux qui les font en moyenne le plus pleurer, ceux qui les grondent et les battent le plus. En effet, vous tolérez aujourd'hui que le marmot déchire ceci ou cela, parce que c'est une vieille étoffe ou un papier inutile ; vous riez parce qu'il exige votre plume en criant, parce que vous en prenez une autre ; vous riez encore s'il tire les oreilles du chien de la maison, complice par sa douceur de la mauvaise éducation que l'enfant reçoit ; vous riez s'il assourdit les voisins avec son tambour, puis il vient un jour où il déchire une riche dentelle à sa mère ou un papier important oublié sur votre bureau ; il ne veut plus votre plume, mais votre montre, et il la jette au feu ; il tire l'oreille d'un chien inconnu, et le chien le mord ; il frappe sur son tambour tandis que vous voulez causer ou travailler, et vous voilà en colère, vous voilà grondeur, peut-être brutal, et à coup sûr parfaitement injuste et parfaitement absurde. En effet, l'enfant n'a fait que ce que vous lui avez permis de faire, ce que vous avez approuvé et admiré cent fois : il est parfaitement dans son droit.

Que sera-ce donc lorsqu'il n'aura plus à souffrir de la différence d'une mère de bonne humeur à la même mère de mauvaise humeur, mais d'une mère faible et obéissante à des étrangers hostiles ?

Ce n'est pas sans raison que la nature a fait et laissé si longtemps l'enfant faible et désarmé ; — elle a voulu que l'homme eût le temps d'apprendre à se soumettre à la nécessité, et c'est cette éducation si indispensable que vous dérobez à votre enfant : — pour éviter quelques petits chagrins à l'enfant, ou plutôt pour vous éviter à vous-même l'ennui de quelques cris, vous amassez des luttes, des douleurs, des haines, sur la tête de l'homme que sera cet enfant, — alors qu'il apprendra qu'il perd sa puissance à mesure qu'il perd sa faiblesse.

Ah! je comprends combien il serait doux de prévenir tous les désirs d'un enfant, d'émailler toutes ses routes de fleurs, toutes ses heures de plaisirs, d'écarter de lui tous les chagrins ; mais restera-t-il toujours enfant et resterez-vous toujours là pour le protéger ? Vous deviendrez vieux et vous mourrez; avant cela même, lui deviendra jeune homme et vous échappera, et il s'élancera dans la vie avec les idées fausses que vous lui avez données, se heurtant aux choses et aux hommes et trébuchant à chaque pas, ici se cassant la tête, là se brisant le cœur.

Non, non, ne le trompez pas ainsi. Apprenez-lui de bonne heure que la liberté est un rêve, que l'homme est l'ennemi de l'homme, et que, s'il est doué d'un caractère énergique, il réussira deux ou trois fois dans toute sa vie à faire ce qu'il aura résolu. Ne placez pas à gros intérêts les petits chagrins enlevés à l'enfant pour que l'homme les retrouve plus tard grossis et multipliés.

Défiez-vous aussi d'une théorie qui séduit le cœur, mais ne doit point abuser l'esprit : « Il faut conduire les enfants par la raison. »

La raison ! mais combien donc connaissez-vous d'hommes faits, et même d'hommes en train de se défaire, qui puissent être conduits par la raison?

Par le raisonnement tout au plus, car c'est une autre

affaire. Les enfants raisonnent bien plus tôt qu'on ne le croit. Les animaux aussi raisonnent : le chat qui a reçu trois fois un coup de bâton pour avoir pris du lait dans l'office finit par penser que boire du lait donne mal aux reins, à moins qu'on ne le boive très-vite et qu'on ne prenne aussitôt après un salutaire exercice en se sauvant avec rapidité.

Mais croyez-vous que le hasard, croyez-vous que les hommes raisonneront toujours avec votre enfant quand il sera à même la vie? Apprenez-lui à obéir d'abord. Si vous raisonnez avec lui, il ne tardera pas à croire qu'avoir droit est une raison pour obtenir : et voyez combien vous l'aurez trompé et comme il aura des reproches à vous faire lorsqu'il lui faudra enfin apprendre chèrement que le bon sens réunit presque toujours les majorités, mais contre lui.

Apprenez-lui au moins que, s'il veut être honnête, il sera pauvre ; que, s'il est fidèle à ses convictions et à ses amitiés, il sera dédaigné ; que, s'il a raison un peu trop tôt, il sera persécuté ; que, s'il est désintéressé, on se moquera de lui. Au moins vous ne l'aurez pas trompé, et, s'il s'avise de prendre ce parti, il saura ce qui l'attend.

Me voici ou plutôt vous voici hors du premier point de mon discours : « *On trompe les enfants,* » et je termine ce premier point par ces lettres d'un sens un peu présomptueux que les sophistes d'une autre époque mettaient à la fin de leurs ouvrages, pour se rendre hommage à eux-mêmes : *Q. E. D.* — *Quod erat demonstrandum* — (ce qui était à démontrer); d'où il ressort que c'est présentement démontré, désormais incontestable et classé parmi les axiomes.

Passons au second point : « *On corrompt les enfants.* »

Les gens de bonne foi tomberont d'accord avec moi que l'homme commence à dégénérer et à s'abrutir vers l'âge de neuf ou dix ans.

En effet, voyez un enfant de huit ans : la naissance, les honneurs, la richesse, ne lui en imposent pas. Dans les jeux, il choisira pour chef le plus fort, le plus agile, le plus capable de conduire et de commander. L'enfant de huit ans est sincère, il ne sait pas grand'chose, mais il n'a pas de préjugés.

Cela ne peut pas durer ainsi : — vous commencez par l'estropier en lui défendant de se servir de sa main gauche ni pour manger, ni pour écrire, ni pour rien au monde. — C'est aussi spirituel que si vous exigiez qu'il marchât à cloche-pied, sous prétexte qu'il n'est pas convenable de se servir du pied gauche, ou qu'il se bouchât une oreille, ou se crevât un œil. Je vous défie de trouver aucune différence entre ces choses, dont les dernières seules vous ont fait sourire de pitié.

9

Vous lui apprenez ensuite que l'homme qui a du mérite, du talent, de la vertu, et qui rend en personne des services à son pays et à l'humanité, est de beaucoup au-dessous de celui, — fût-il un crétin méchant, — dont le bisaïeul a eu du mérite, du talent, de la vertu, et a rendu des services à l'humanité et à son pays.

Vous lui apprenez que ce n'est pas le plus capable, le plus honnête, auquel il faut s'associer et qu'il faut suivre, mais qu'il faut suivre avec dévouement et ardeur celui qui lui fera la meilleure part dans le produit de ses injustices et de ses rapines.

Vous lui apprenez que religion, vertu, probité, sont des mots; que c'est l'argent qui en est le but; qu'il est le dieu du monde ; que les hommes qui ont beaucoup d'argent doivent être honorés et flattés, fussent-ils avares et le conservassent-ils soigneusement sans en faire part à personne.

Vous lui apprenez à se rendre pauvre pour paraître riche.

Vous lui apprenez que ce n'est pas la plus belle ni la plus douce femme qu'il faut épouser, mais la plus opulente.

Je m'arrête, et vous fais grâce de la nomenclature de tout ce qu'on inculque à l'enfant d'idées fausses, absurdes et déshonnêtes. Je ne veux pas vous ennuyer surtout, parce que j'éprouve toutes sortes de bons sentiments pour quelques-uns de mes lecteurs qui ont bien voulu m'encourager par des marques de sympathie et qui m'ont fourni d'utiles renseignements et de nouveaux arguments pour quelques-unes des vérités que j'essaye de mettre en lumière.

L'un de mes correspondants me signale une singulière indifférence à l'égard des ouvrières, et, quoique la lettre ne soit pas signée, j'y vois quelques raisons de le croire bien informé.

Une loi de 1848 a fixé le nombre d'heures dont se compose la journée de travail. — Eh bien ! soit que la loi ait oublié de spécifier ce qui n'avait pas besoin de l'être, il me semble, que ces règlements s'entendaient de la journée de travail des femmes aussi bien que de la journée de travail des hommes, soit que, conformément à un usage de tout temps établi et respecté en France, on n'applique pas la loi, les ateliers de couture et de modes ne participent pas, à ce qu'il paraît, au bénéfice de cette loi d'humanité, par suite de quoi les femmes subiraient des conditions que l'on a jugées trop fatigantes pour les hommes.

Un autre me signale plusieurs faits curieux à l'appui de ce que j'ai dit sur ce qu'il y a d'injuste et d'odieux à voir des hommes jeunes et valides exercer des professions sédentaires et sans fatigue au détriment des femmes, auxquelles ces professions semblent appartenir de droit. L'un de ces faits peut donner à réfléchir aux femmes qui vont acheter dans les magasins de nouveautés. Mon correspondant, se trouvant à dîner auprès du propriétaire d'un des plus importants de ces magasins, lui adressa quelques observations à ce sujet. — Eh bien ! savez-vous, mesdames, ce que le négociant lui répondit ? Il lui répondit que ces jeunes gens frisés et bien habillés étaient une amorce pour vous attirer, — que les charmes de ces poupards lui conciliaient la plus grande partie de sa clientèle, etc.

Je suis persuadé que le marchand se trompe, mais je devais vous avertir de l'idée qui pousse lui et ses confrères à cette exhibition d'hommes couturières et de modistes mâles ; — cette idée me paraît si odieusement offensante pour vous, que je suis convaincu que j'ai dès aujourd'hui toutes les femmes comme il faut dans mon parti. Quand cette pensée des marchands et de « leurs jeunes gens » sera suffisamment connue, nul doute que le premier marchand qui fera tenir sa boutique, vendre et auner ses étoffes par des femmes, fera une très-bonne affaire ; je ne parle pas, et pour cause, de la bonne action.

Puisque nous parlons des femmes, ajoutons un petit avis encore sur un autre sujet.

Il y a un mot qui m'a impatienté tout l'hiver : « Il fait froid ; je vais mettre mon *talma*. »

« Votre *talma* est bien joli. »

« Avez-vous votre *talma* ? »

Qu'est-ce qu'un *talma* ? C'est un petit manteau court.

Autrefois, on aurait trouvé de mauvais goût, et je le trouverais encore, qu'une femme dit : « Faites chercher une *citadine*, ou une *lutécienne*, ou une *sylphide*. » On doit dire : « Faites chercher un fiacre. » On ne doit pas se piquer de connaître les détails et les transformations du fiacre : cela regarde ceux qui les font et ceux qui les mènent.

De même, qu'il plaise à un tailleur de donner une nouvelle forme ou un nouveau nom à quelque partie de notre costume, un pantalon, un habit, seront toujours pour nous un habit et un pantalon.

Les femmes ont tort d'adopter ainsi ces dénominations, pour deux bonnes raisons, et les voici :

La première, c'est qu'il est d'un goût médiocre d'être aussi bien au courant de la langue spéciale des couturières.

Il me semble entendre certains jeunes gens qui trouvent élégant, dans les boutiques où l'on mange, d'adopter une langue faite par ces autres messieurs frisés qui servent à table, et dont la place serait parfaitement encore occupée par des femmes.

Ainsi, on disait autrefois : « *La carte à payer;* » c'était une expression très-claire et très-bonne.

Il est arrivé que, entre le garçon qui sert et la femme qui tient le comptoir, cela a dû prendre un nom ; en effet, la « *dame du comptoir* » inscrit à mesure chaque mets que l'on sert. — Quand vous demandez « la carte à payer, » elle n'a pas, elle, à faire cette carte, mais simplement l'addition. — Donc, pour elle et pour le garçon, — ce n'est pas « la carte à payer, » mais l'addition qu'il faut faire ; et il était très-logique que la chose se passât ainsi.

Vous au garçon :

« Garçon, ma carte, ou la carte à payer ? »

Le garçon à la dame de comptoir :

« Madame, faites l'addition, s'il vous plaît, pour que je puisse donner à monsieur sa carte à payer. »

Ce n'était pas une raison pour que vous prissiez l'habitude de demander « l'addition. »

Il est vrai que dans cette ligue d'élégance quelques personnes ont adopté d'autres expressions de l'invention des garçons de restaurant : « Un bifteck aux pommes pour un bifteck aux pommes de terre. » On comprend que le garçon, qui en demandera deux cents dans la soirée, abrége la formule, — mais vous qui n'en demandez qu'un, vous pourriez parler français sans trop vous fatiguer ; — car, sans cela, où vous arrêterez-vous? Les *garçons* déjà ont trouvé de nouvelles abréviations : — ils ne disent plus « un bifteck aux pommes, » — mais « un bifteck pommes, » et même « un... aux pommes, » ou « un... pommes ; » de même que, pour « une bavaroise au chocolat, » ils crient : « une... chocolat. »

La seconde raison pour laquelle les femmes feraient bien de dire simplement mon manteau au lieu de dire mon *talma*, ou tout autre nom qu'il plaira aux couturières d'inventer, — est celle-ci : une femme qui se pique d'être à la mode — et quelle femme ne s'en pique pas? — ne doit pas avoir besoin de constater que son manteau est fait « à la dernière mode. » Si on porte les manteaux « à la Talma, » il va sans dire que le manteau d'une femme à la mode est un manteau « à la Talma. » Il est très-humble de l'affirmer.

Il y aurait encore une troisième raison, que je n'avais pas annoncée parce qu'elle est un peu subtile ; mais cependant elle est très-réelle pour les personnes qui sont sensibles à la logique du langage.

Si vous entrez chez un chapelier, vous demanderez un chapeau de castor ou un chapeau de soie, un chapeau noir ou un chapeau gris ; mais vous ne direz pas à un homme qui reste devant vous, la tête découverte : « Mettez votre chapeau de soie, » ou « Mettez votre chapeau noir. » De même que vous ne direz pas :

« Je vous demanderai la permission de mettre mon chapeau gris » ou « mon chapeau de castor, » parce que, dans le premier cas, il s'agit d'une marque de déférence, dans le second d'une crainte du froid, et que, dans l'un et dans l'autre cas, la couleur, la matière, la forme du chapeau, n'y ont que faire.

Ainsi dites, si vous voulez, à votre couturière : « Faites-moi un manteau à la *Talma*; » mais ne me dites pas, à moi : « Donnez-moi mon talma ; » ce n'est ni élégant, ni distingué, ni tout à fait français.

Je ne demande pas d'excuses à mes lecteurs si je reviens encore sur les professions sédentaires et peu fatigantes que les hommes usurpent sur les femmes. — J'y reviendrai plus d'une fois jusqu'à que j'aie obtenu un résultat, — ceux que cela ennuie feront donc bien de m'aider à obtenir ce résultat.

Pendant que ces hommes, jeunes et vigoureux, plient et déplient des étoffes, et exercent l'état de marchandes de modes et de couturières, il y a des femmes qui sont polisseuses et brunisseuses, et d'autres qui s'attellent à des charrettes de porteur d'eau.

Mais l'intérêt de ma cause ne m'empêchera pas de dire une autre vérité en sens contraire.

Je comprends tout le plaisir qu'il y a à trôner dans un comptoir dûment éclairé, à la vue et conséquemment à l'admiration des passants. — Mais il faut cependant avouer que la présence des femmes dans certains comptoirs n'est ni convenable ni avantageuse pour le débit de la denrée qu'elles ont à vendre : — je ne prendrai pour exemple qu'une des industries qui sont dans ce cas. Je déclare que, pour ma part, — s'agît-il d'un rhume de cerveau, — d'un cor au pied, — d'une écorchure exigeant l'application de taffetas d'Angleterre, — je passerai devant dix pharmaciens dans le comptoir desquels je verrai une femme, jusqu'à ce que j'en trouve un qui manque de cet ornement, — ne me souciant nullement de confesser mes infirmités, quelque légères et provisoires qu'elles soient, devant une femme ; — ajoutons le cas où ce serait la femme siégeant au comptoir qui serait embarrassée des confidences qu'elle aurait à entendre.

XI

UN JEUNE HOMME

Je l'avais rencontré plusieurs fois avec une jeune fille d'une ravissante beauté : jamais je n'avais vu sur un visage plus d'innocence et de douceur; sa démarche était aisée et décente, sa voix vibrante et mélodieuse; ses regards timides laissaient cependant échapper des éclairs d'intelligence. Quelquefois ils assistaient tous les deux à quelque bel opéra dans une baignoire, et leurs deux âmes à l'unisson savouraient cette belle langue appelée la musique, qui commence là où finit la langue humaine.

D'autres fois, je les avais rencontrés dans un canot descendant la Seine entre des rives ombreuses et fleuries.

Un jour que je le vis seul, je lui parlai d'elle.

— Elle a, lui dis-je, une physionomie pleine d'honnêteté.

— Sans doute, dit-il, elle travaille assidûment toute la semaine et ne sort que le dimanche avec moi. Sa mère, qui est toute sa famille, ferme les yeux sur notre liaison.

— Elle paraît intelligente.

— Elle a un charmant esprit; elle comprend tout et apprécie tout; elle aime la musique et la peinture; elle jouit avec délices des beautés de la nature.

— Elle est jolie.

— Jolie et admirablement faite. C'est le plus joli pied, la plus jolie main... une taille...

— Et elle vous aime...

— Avec dévouement; elle m'en a donné cent preuves.

— Vous devez être bien heureux, alors?

— Hélas! me dit-il, ce n'est pas une maîtresse qui fasse honneur à un jeune homme, comme celle-ci.

Et il me montrait une figure hâve, flétrie et peinte, qui passait près de nous. Elle était couverte de riches étoffes; mais sa coiffure, sa démarche, sa physionomie, tout racontait l'effronterie, le vice, la prostitution, la honte. C'était une fille qui s'est fait une célébrité par une façon particulièrement indécente de danser dans les bastringues, et elle est entourée, adulée, fêtée. Il n'y a rien de trop beau pour lui être offert. Des jeunes gens de famille se disputent à qui se ruinera pour elle. Aucun d'eux n'a la prétention, l'ambition, de l'avoir tout entière; on se partage ses honteuses faveurs.

Et voilà sur quel fumier s'épanouissent aujourd'hui les premières fleurs de l'amour dans les cœurs de vingt ans!

XII

ONZE VERS

Si vous ne m'aimez pas, bornez là vos rigueurs.
— L'oiseau qui chante au bord de sa maison de mousse
Ne chante pas pour moi son idylle si douce.
Les fleurs, qui dans les airs exhalent leurs odeurs,
Ne s'inquiètent pas si j'aime ou non les fleurs.
Le riche ciel d'azur, cette splendide tente,
Ne semble pas me rendre un amour mutuel.
— Eh bien! ne m'aimez pas; mais laissez-moi, méchante
Aimer et votre souffle, et votre voix vibrante,
Comme j'aime la fleur, comme l'oiseau qui chante,
— Et le bleu de vos yeux comme le bleu du ciel.

XIII

UN DINER DE JEUNES GENS

La jeunesse d'aujourd'hui a ceci de particulier, qu'elle n'est pas jeune. — Il ne suffit pas, pour être jeune, de n'avoir dépensé que les vingt-cinq premières années du temps qu'il nous est donné de passer sur la terre.—Voici ce qui m'est arrivé : l'autre jour, je menais diner au cabaret quelques amis de province que j'ai en ce moment à Paris. Mes convives se composaient d'un homme quelconque et de deux femmes jolies, spirituelles, très-bien élevées, et pour lesquelles j'ai autant de respect que d'amitié. Tallemant des Réaux parle d'une certaine présidente qui prouvait, à qui voulait l'entendre, qu'on ne pouvait bien mettre ses manchettes à moins d'y passer une heure et demie. Une de ces deux dames me donna la preuve qu'il ne faut pas moins d'une demi-heure pour mettre un châle et un chapeau.—Nous arrivâmes un peu tard; un seul cabinet restait vacant. —Il n'était séparé que par une cloison très-mince d'un salon où dînaient quatre ou cinq personnes, dont on entendait facilement la conversation. Aux timbres des voix, je reconnus des hommes, et de jeunes hommes de vingt-cinq à trente ans au plus;—et il me passa un frisson par l'esprit pendant que nous mangions le potage.

« Voilà, me disais-je, des jeunes gens qui dînent dans un salon particulier, c'est-à-dire qu'ils veulent être entre eux et ne pas se gêner. » Je me rappelle comment se passaient ces dîners lorsque deux ou trois anciens camarades et moi nous avions vingt-cinq ans, et les bonnes folies qui s'y racontaient. —A coup sûr, il va, chez nos voisins, être question de femmes et d'amour, et rien ne prouve que la conversation soit suffisamment chaste pour les oreilles des personnes que j'accompagne. Je regrette de ne pas avoir demandé asile ailleurs.—Je cherchai des expédients.—Je parlai à haute voix, en émaillant mes phrases des mots tels que ceux-ci : « *Mesdames*, aurais-je l'honneur de... mon cher ami, *votre femme* ne mange pas, etc. »

J'espérais édifier nos voisins sur nous et leur faire comprendre qu'ils avaient auprès d'eux des femmes comme il faut qui pouvaient les entendre; mais ils parlaient si haut eux-mêmes, et si bien tous à la fois, que je ne pus admettre l'illusion qu'ils faisaient la moindre attention à mes discours à la cantonade, ou que même ils pussent les entendre. Je dus donc garder mon anxiété, en prêtant l'oreille à ce que pouvaient dire nos voisins, me préparer à parler moi-même de façon à détourner l'attention de mes convives si je surprenais le commencement de quelque conversation scabreuse. Voici ce que j'entendis de plus remarquable.— Des quatre convives dont je distinguais les voix, deux parlaient beaucoup, un parlait toujours, et le quatrième ne disait qu'un mot de temps à autre.

« En fait de poisson, on dit qu'il y a des merlans, dit le grand parleur avec un accent méridional prononcé; le garçon assure qu'ils sont excellents; — écoutez-moi bien : — Vous allez prendre un merlan œuvé, une femelle, — la chair en est plus délicate, — vous enlèverez les œufs, et vous les remplacerez par la laite d'un maquereau mâle. Faites bien exactement ce que je vous dis; je le reconnaîtrai à la première bouchée. »

Et il s'engagea une conversation entre le Marseillais et le maître d'hôtel, où le premier développa les connaissances culinaires les plus étendues. — Les trois autres convives, du reste, l'interrompaient quelquefois par des observations qui prouvaient qu'ils étaient dignes de manger avec lui.

On discuta sur les vins, on les recommanda au sommelier avec une grande sollicitude.—Hier, le bordeaux était froid, et aujourd'hui il était trop chaud. — Une bouteille de pomard... de la réserve, etc.

Je fus assez rassuré, — et je pensai : Quand nous avions vingt-cinq ans, nous autres, la gourmandise, et surtout la science de la gourmandise, n'appartenaient qu'à des vieillards; ce n'était du moins jamais avant cinquante ans qu'on avait assez perdu pour avoir acquis quelques connaissances en ce genre.—Alors, nos bons dîners, c'était à la chasse, lorsque, accablés de fatigue, nous trouvions, dans une ferme, du pain bis, une omelette au lard que nous faisions quelquefois nous-mêmes; le tout arrosé d'un vin du cru; c'était aussi lorsque, avec un ou deux camarades, pauvres artistes comme nous, qui n'avaient que du talent, et qui ont aujourd'hui la réputation, qui seule donne des dîners corrects, nous nous occupions de résoudre ce problème,—dîner quatre avec le prix d'un dîner régulier que pouvait faire seul un d'entre nous;—car il n'y a guère que ceux qui n'ont pas assez de pain qui en donnent à ceux qui n'en ont pas du tout.—Alors nos festins se composaient de côtelettes à la sauce, apportées dans l'atelier par le charcutier du coin,—et toute notre science gastronomique, toutes nos recommandations culinaires s'étendaient et se bornaient à ceci : — qu'il y eût beaucoup de cornichons; — mais, au lieu de porc, on nous eût fait manger du caniche que pas un de nous ne s'en serait aperçu.

Un second orateur prit la parole.—On buvait le pomard de la réserve.—On discuta le pomard.—On parla de divers crus.—On cita les meilleures caves de Paris. — On mit sur le tapis l'appréciation de quelques fortunes. — On commençait à s'animer. — On parlait au moins trois à la fois.—Mais un bruit connu vint frapper mes oreilles, et me rendit mon inquiétude; on débouchait des bouteilles de vin de Champagne. « Voici, pensai-je, le moment dangereux; — les âmes vont s'épancher ; — les confidences sortent de la tête d'un homme qui boit du vin de Champagne, comme l'air sort en globules d'une bouteille qu'on remplit. » Je remuai bruyamment les assiettes et les couteaux.—En effet, au bout de quelques instants, et après le troisième bouchon que j'entendis sauter, il y avait une grande effervescence.— On parlait haut.— On parlait tous les quatre; et voici ce que j'entendis :

— Je voulais garder mes crédits fonciers.—J'ai eu tort de vendre si vite.

— Comment ont fermé les Montereau à Troyes ?
— 230 75.

— Et Strasbourg?

— Strasbourg, 250 fr. payés.— Jouissance décembre, 570.

— Quatre-Canaux, 1,000 fr. Jouissance octobre 1852, 1195.

— Dijon à Besançon,— jouissance d'octobre,— action de 500 fr., 225 fr. payés, 515 fr.

— Strasbourg à Bâle,— action réduite,— jouissance janvier, 340.

— La Compagnie anonyme du lin Maberly a fermé à 815 fr.

Nous prenions le café; nous ne tardâmes pas à partir. Il n'avait pas été prononcé par nos quatre jeunes voisins un seul mot ayant rapport ni aux femmes, ni à l'amour.

Et je m'en allai en me disant : « Que seront ces hommes-là à cinquante ans? — Quand on n'a pas un peu trop dans la jeunesse, on court grand risque de n'avoir pas assez dans l'âge mûr. — Le jeune homme trop sage sera un vieillard bien sec et bien dur. »

« *Amo in adolescente quod resecari possit*,— dit un ancien.— J'aime une jeunesse luxuriante où il y ait à émonder. »

XIV

LES ACTRICES. — LES VIOLETTES ROSES. — LA POLITESSE
— LE MAGISTRAT CORROMPU

Presque toutes les actrices aujourd'hui sont mariées, ou ont envie de se marier. Au point de vue des plaisirs du public, cette manie a divers inconvénients. Les unes ne pensent qu'à tendre des gluaux aux épouseurs et oublient que le public les paye non pour les vertus qu'elles cultivent chez elles, mais pour les agréments qu'elles montrent au théâtre. Quelques-unes sont enlevées à leur profession au point le plus éclatant de leur beauté et de leur talent ; d'autres restent au théâtre, mais, dès lors, les qualités austères de l'épouse et de la mère de famille viennent obscurcir les plaisirs des spectateurs. — Une louable économie préside aux costumes et aux parures. — On craint d'alarmer la légitime jalousie d'un époux aimé, en mettant trop de feu dans les scènes d'amour jouées avec un autre, etc., etc. — En un mot, l'actrice qui se marie divorce avec le public.

J'aime encore assez les violettes, quoique je leur aie reproché, il y a longtemps déjà, de se mêler de beaucoup de choses qui ne les regardent pas, et de ne pas manquer une occasion de sortir hypocritement de la prétendue modestie qu'on leur attribue. — Je les ai complétement démasquées dans le *Voyage autour de mon jardin*. Aussi n'en dirai-je rien aujourd'hui sous ce rapport.

Voici de quoi il s'agit : — Je suis assez découragé de l'observation, surtout auprès des femmes. — Les verres les plus grossissants vous trompent encore à chaque instant. — Quand vous avez bien observé, quand vous avez bien rassemblé toutes les circonstances, colligé les gestes, creusé chaque parole, interpellé chaque regard, commenté jusqu'au silence, vous dites : « Voici ce que cela veut dire. » — Eh bien ! regardez un peu plus longtemps et un peu plus soigneusement, et vous serez forcé d'ajouter : « A moins que ce ne soit précisément le contraire. »

Je me rappelle un exemple de la vanité de l'observation : Un homme de ma connaissance envoie un jour un bouquet de violettes roses à une femme dont il était amoureux. — Vous ne connaissez peut-être pas les violettes roses ? — Il va le soir chez elle ; on le fait entrer dans le salon. Il voit son bouquet soigneusement placé dans un magnifique cornet de porcelaine de Chine, — avec les plus insignes honneurs qu'on puisse rendre à un bouquet.

Notre homme se réjouit du grand accueil fait à son petit présent ; il se voit encouragé ; — il est gai, spirituel, aimable pour tout le monde. Très-bien. — Pendant que l'on danse dans le salon, il se promène dans le reste de l'appartement. — Du petit salon où sont les tables de jeux, il pénètre dans la chambre à coucher de la maîtresse de la maison. — A la lueur d'une lampe d'albâtre suspendue au plafond, il voit sur une table, auprès du lit, — un autre bouquet de violettes.

Il est évident que celui-ci est encore mieux accueilli que le sien. — Cette place intime, mystérieuse, dit certes que l'on n'a été que poli pour les violettes roses.

Il rentre dans le salon ; il observe ; il veut savoir qui a donné le second bouquet. — Un homme, un ami de la maison, parle bas à plusieurs reprises ; — plus de doute, c'est lui. — Il danse avec la belle, et, dans un moment de repos, il dit : « Je suis sûr que c'est *** qui vous a donné le bouquet qui est dans votre chambre. » — Elle rougit, ne répond pas d'abord. — Puis, après quelques hésitations, elle dit : « Et quand ce serait lui ? » C'est une de ces réponses à l'usage des femmes qui ne veulent pas répondre, dont le catalogue assez curieux commence par : Parce que...

Il se désespère. — Le résultat de ses nouvelles observations n'est pas douteux : sa flamme est méprisée, son bouquet sacrifié, etc...

Eh bien ! il se trompe encore une fois ; — il prend l'attitude ingénieuse de tout amoureux qui craint de se voir préférer un rival ; à savoir : un air boudeur, refrogné, désagréable et stupide, — ce qui triple les avantages de l'adversaire au lieu de les contre-balancer. — Lorsqu'il s'en va, il va saluer sa cruelle beauté dans l'embrasure d'une fenêtre. — Alors elle tire de son sein trois des violettes roses et les lui donne.

Il n'avait pas deviné que madame *** avait à tromper pour lui un époux et un ancien amour qui, à force d'assiduité et d'exigences, avait fini par être seulement quelque chose comme un second mari, et conséquemment avait rendu vacante une place que l'on destinait à mon ami.

Notez que je ne sais pas la suite de l'histoire, de sorte qu'il n'est pas certain que ce soit encore là la vérité.

J'ai souvent constaté la force et la vigueur physique et morale du sexe faible ; — j'ai défié un portefaix de suivre, pendant tout un hiver, une femme qui s'amuse ; — j'ai établi que les femmes exagèrent leurs peurs comme nous exagérons notre courage, et que, grâce à leur puissante infirmité de ne voir à la fois qu'un côté des choses, elles sont en général plus résolues et plus braves que nous. Il est à remarquer aussi que c'est à ce sexe faible que la société impose de résister à ses penchants, et de les vaincre, de triompher de la nature même et de maîtriser les instincts les plus impérieux et les plus invincibles

Les soins empressés et les adorations que les hommes prodiguent, même en public, à un certain nombre de courtisanes, qui manquent même à leur seul devoir, qui est d'être belles, sont pris sur le fond de politesse dont ils s'exemptent pour les autres femmes.

Dans un escalier, sur un trottoir, il est rare de voir un homme se ranger pour laisser à une femme qu'il rencontre, ou le côté du mur, ou le haut du pavé. — Cela est tellement vrai, que les femmes en sont devenues gauches et maladroites dans la rue et dans les escaliers. Autrefois, une femme tenait, dans la rue, le haut du pavé; dans un escalier, le côté le plus commode, et était tellement sûre d'avance que tout homme qu'elle rencontrerait lui offrirait ou lui maintiendrait ce privilége, qu'elle le conservait sans préoccupation ; — mais aujourd'hui, à chaque instant, vous voyez les femmes hésiter, et avoir avec un homme ces moments d'embarras qui ne devraient se rencontrer tout au plus qu'entre hommes, lorsque chacun, voulant s'échapper de côté, se trouve deux ou trois fois de suite face à face avec l'homme qu'il rencontre.

Je ne sais s'il se trouve des femmes assez humbles pour expliquer cela comme fit mademoiselle de Scudéri, dans une autre circonstance : *Ménage* et *Duperrier* eurent un jour une discussion à propos de la formule qui terminait une lettre adressée au dernier par une femme : — *Votre très-humble et très-obéissante servante.* Tous deux tombèrent d'accord qu'il n'était conforme ni à l'usage, ni au bon ton, qu'une femme écrivit ainsi à un homme, — et allèrent consulter mademoiselle de Scudéri. « Il est vrai, dit-elle, qu'on n'écrivait pas ainsi autrefois ; mais les femmes ne doivent plus être si fières, depuis qu'elles ne sont plus si vertueuses. »

Une femme se fait annoncer chez un magistrat. Il est fort occupé ; mais elle insiste. Le magistrat repousse les papiers qui encombrent son bureau, et ordonne de l'introduire. Il repasse dans son esprit les diverses causes qu'il a à juger, et il cherche à deviner à laquelle se rapporte cette visite. — On entre : c'est une jeune et belle personne, qui s'excuse de son importunité avec des paroles douces et distinguées, et un organe mélodieux ; puis elle parle des occupations, des devoirs sérieux, terribles même, de la magistrature.

Pendant ce temps, le magistrat s'adresse à lui-même les discours les plus austères : « Non, se dit-il, je ne ferai aucune concession à la beauté, ni à ses charmes si doux, si décevants. Je saurai tenir mon âme fermée à ces accents qui veulent s'y introduire. — Non, je ne perdrai pas de vue la sainteté de mon ministère, la rigueur de mes devoirs. — Non, rien ne me fera dévier de la ligne étroite du vrai et du juste ! »

La visiteuse, cependant, fait défiler successivement

ses mines les plus victorieuses ; elle joue du regard comme elle joue de la voix. — Elle demande au magistrat s'il est allé au dernier bal de l'Hôtel de ville, — s'il a entendu mademoiselle Cruvelli, etc.

En toute autre circonstance, il se fâcherait; mais cette voix est si douce, il craint tant de lui entendre demander des choses contraires à ses devoirs, des choses auxquelles il faudra répondre avec cette voix sèche qui refuse, — il la laisse parler, mais il continue à s'adresser à lui-même les admonitions les plus correctes.

« Non, dit-il, je n'oublierai pas que je suis le tuteur de la société et l'organe de la loi. — L'histoire a cité comme un crime insolent le fer de Brennus mis dans une balance; laisserais-je un sourire de femme faire fléchir la balance de la justice de tout son poids? L'histoire de Cambyse, qui fit couvrir de la peau d'un juge injuste le siége sur lequel devait s'asseoir son successeur, n'a jamais été citée comme une cruauté, mais seulement comme une justice sévère. — L'injustice de la part d'un juge est le plus grand crime qu'il soit donné à l'homme de commettre. »

La visiteuse avance sur les chenets le plus étroit, le plus cambré des pieds, — et elle dit au magistrat : « Je pourrais me recommander de M. ***, qui est votre ami, et qui veut bien être le mien, et de M. ***, et de M. ***. »

Et le juge se dit : « Cependant, évitons l'excès. Ce n'est pas à dire, parce que cette femme est belle, et parce qu'elle a la voix douce, et parce qu'elle a le pied mignon, que le bon droit ne soit pas de son côté. Il ne faut pas non plus que l'austérité m'aveugle ; la justice n'est pas seulement pour les femmes laides ; j'ai vu des gens hideux qui étaient de grands coquins. Enfin, madame, en quoi puis-je vous être agréable ?

— Voici, monsieur, en deux mots : je suis invitée à un grand bal pour après-demain ; j'ai imaginé le plus ravissant costume qu'on ait vu de l'hiver, quelque chose d'original sans affectation, du nouveau sans excentricité, quelque chose qu'on ne pourra que difficilement imiter :

« C'est, sur une robe blanche, une garniture complète de plumes de perroquet. — J'ai mis à contribution tous ceux de mes amis qui ont de ces oiseaux ; j'ai fait plumer tous ceux des marchands ; mais chaque oiseau n'a que quelques-unes des plumes qu'il me faut. — Je sais que vous avez un ara magnifique ; — je vous en prie, monsieur, ne me refusez pas trois de ses plumes, sans lesquelles ma garniture sera incomplète, sans lesquelles tant de peines seront perdues, sans lesquelles je n'irai pas à ce bal, sans lesquelles je mourrai de chagrin...

— Oh! madame, s'écrie le magistrat en l'interrompant, que ne le disiez-vous tout de suite ? j'étais dans des transes ! — Jean, dit-il au domestique, qui vint au bruit de la sonnette, suivez madame, et portez chez elle le perroquet. — Elle le renverra si elle veut. »

XV

LE BEAU SEXE. — LA LUTTE. — LES BEAUX YEUX. — LES FRANÇAISES PEINTES PAR ELLES-MÊMES

Lorsque j'ai vu les femmes s'affubler de gilets de piqué blanc, y ajouter successivement nos cols de chemise empesés, des cravates noires, puis la montre dans la poche du gilet ; — en un mot, chercher à imiter les hommes dans leur costume, j'ai jeté une grande clameur, — et j'ai prédit aux femmes que les hommes ne tarderaient pas à usurper à leur tour leurs brillants colifichets. J'ai eu raison des gilets: ce que les femmes appellent gilets aujourd'hui est tout simplement une forme particulière de corsage, et ne rappelle en rien les gilets des hommes. — Mais les temps prédits sont arrivés, les hommes veulent devenir à leur tour le beau sexe, ou du moins le sexe paré, et ils accrochent, sous divers prétextes, en divers endroits de leur personne, tout ce qu'autrefois ils donnaient aux femmes ; ils mettent des pierreries à leurs gilets en guise de boutons, et d'autres pierreries à leurs manchettes. Ils étalent sur leur poitrine des chemises ornées de plis capricieux et maniérés, avec des *entre deux*, c'est comme cela que ça s'appelle, je crois, en dentelles et en broderies ; ils séparent leurs cheveux sur le sommet de la tête par une raie correcte et régulière, et se coiffent virginalement en bandeaux ; ils ont des mouchoirs brodés qu'ils portent à la main, et sont tout ruisselants de chaînes et tout étincelants de diamants. — Cette leçon profitera-t-elle aux femmes ; et, une autre fois, voudront-elles me croire lorsque je leur donnerai des avis salutaires ?...

En général, on est peu d'accord sur la beauté : le plus grand nombre la fait consister dans certaines proportions et dans une régularité convenues ; d'autres reconnaissent seulement la beauté à l'influence qu'elle exerce et à l'impression qu'ils en reçoivent. Je crois que ceux-ci ont raison. Entre la beauté qui se prouve et la beauté qui s'éprouve, le choix ne saurait être ni bien long ni bien douteux.

Vous ne persuaderez jamais aux femmes, par exemple, qu'on peut avoir la taille trop mince, les yeux trop grands, la bouche ou les pieds trop petits. Si elles pouvaient se modifier elles-mêmes, elles marcheraient sur des moignons, elle ne pourraient se nourrir qu'au moyen d'un chalumeau, et leurs yeux se rejoindraient derrière leur tête ; quelques-unes feraient l'œil gauche si grand, qu'il ne resterait pas de place sur leur visage pour y mettre un œil droit.

On appelle de beaux yeux tous les yeux, pourvu qu'ils soient grands, quelles que soient leur couleur, leur forme, leur expression.

Les yeux évidemment sont du visage humain la partie la plus noble et la plus importante ; les autres traits sont matériellement formés de chair ; les yeux sont composés de corps, d'âme et d'esprit, ou plutôt les yeux sont la fenêtre où l'âme et l'esprit viennent se montrer.

Or, jusqu'à ce qu'on me fasse croire qu'il n'est pas plus agréable de voir un charmant et spirituel visage à une lucarne, qu'un visage platement insignifiant, refrogné et ridiculement affublé à travers les larges glaces d'une boutique, je n'admettrai pas que des yeux soient beaux par cela seul qu'ils sont grands ; autant dire que le plus beau livre est le plus gros, sans s'inquiéter de ce qui est dedans.

La lutte est engagée. — Les hommes veulent décidément, à leur tour, devenir le beau sexe. — Ils ont maintenant les habits brodés et les chapeaux à plumes ; et les bonnetiers, depuis que la culotte est devenue officielle, ne suffisent pas aux commandes de mollets qui leur sont faites.

Les femmes s'aperçoivent enfin de leur imprudence, et nous ne sommes plus au temps où elles s'efforçaient d'imiter la simplicité du costume masculin. On voit à l'étalage de tous les marchands de *nouveautés* des étoffes d'une richesse à laquelle trop souvent on sacrifie le bon goût. — Quelques-unes des robes d'or que l'on exhibe ont, en effet, plutôt l'air d'être destinées à des danseuses de corde, et à des écuyères du Cirque, qu'à des femmes du monde. — De cette façon, les femmes qui n'ont pas de beauté portent dans les salons au moins de la magnificence. — Elles se rattrapent même sur l'étendue : un joli visage n'occupe qu'un espace restreint ; une belle robe doit avoir six fois en hauteur l'étendue du visage. — Mais, si vous calculez sur l'étoffe de la robe étendue, le visage ne devient qu'un point dans l'espace.

Ce n'est pas cependant que l'on néglige d'orner le visage ; je dirai même que l'on va un peu loin, et que jamais, peut-être, les femmes ne se sont peintes avec autant de hardiesse qu'aujourd'hui. — Il en est beaucoup qui sont à la fois « *peintre, original et portrait.* » Il faut une palette complète à la toilette d'une femme : on peint les sourcils et les cils, on allonge les yeux avec une ligne noire, on les cerne légèrement — les yeux cernés sont à la mode — avec du cobalt. Une innovation est la poudre d'or et d'argent dans les cheveux.

Le visage, ainsi peint, est comme vêtu ; et l'on pourrait dire à une femme : « Madame, déshabillez un peu votre figure, que l'on voie si vous êtes jolie. » — Tout le monde met du rouge ; et, pour montrer de la honte, de la pudeur et de la confusion, il faudrait qu'une femme devînt violette.

Si le visage est masqué et vêtu, on se rattrape au-dessous ; non-seulement on se décollète beaucoup, mais encore on attire l'attention par des mouches placées habilement fort au-dessous du visage. Cette mode est peu décente et d'assez mauvais goût. C'est pour avoir l'air d'en être honteuses que les femmes ont soin de rougir... au pinceau.

Les femmes se trompent bien lorsqu'elles croient s'embellir par l'immodestie ; elles augmentent singulièrement leurs charmes en les cachant aux yeux ; l'imagination est riche, généreuse, et leur rend libéralement au certuple tout ce qu'elles dérobent aux regards. C'est autant au bénéfice de l'amour qu'à celui de la pudeur qu'ont été inventés et les vêtements et peut-être la pudeur elle-même. Plutarque parle d'un temple élevé à *Vénus voilée.* « On ne saurait, dit-il, entourer cette **déesse de trop de mystères, d'ombres et d'obscurité !** »

Il y a une chose dont il serait dangereux que les femmes s'aperçussent, — c'est qu'il n'est pas d'amants aussi aimables que ceux qu'elles rendent malheureux.

Rien de trompeur comme les dictionnaires. Ouvrez celui que vous voudrez au mot : *Propre ;* vous trouverez : *Net.* Il vous semblera, en conséquence, que, pour *être propre,* il ne faut que de l'eau et un peu de savon.

J'entendais hier une femme répondre à son mari, qui lui reprochait avec quelque amertume ses dépenses excessives : « Il faut bien *être propre.* »

C'est pourquoi elle avait acheté, la semaine précédente, un cachemire de cinq mille francs ; et elle exigeait hier des diamants, sans quoi elle ne se trouvait pas « propre. »

Quand une femme, sa toilette finie, va sortir et qu'elle dit à sa femme de chambre : « Suis-je propre ? » la réponse la plus modérée qu'elle attende est celle-ci : « Madame est ravissante. »

XVI

A PROPOS DES CHEVEUX

Entre les formes variées sous lesquelles le luxe se manifeste aujourd'hui, il faut compter le luxe des cheveux pour les femmes.

On a souvent parlé de l'influence, de la puissance de la mode ; on n'en a pas assez dit. — Voyez les portraits qui nous restent du temps de Louis XV. — La mode voulait alors qu'on eût le nez retroussé. Eh bien, les femmes trouvaient le moyen d'avoir le nez retroussé. Aujourd'hui, on a imaginé une coiffure qui exige deux mètres de cheveux. — Tout le monde a deux mètres de cheveux. — Cette coiffure, appelée, je crois, « à la Cérès, » et qui consiste à se faire une couronne de ses cheveux nattés au-dessus du front, a de la noblesse ; on la retrouve dans beaucoup d'anciens tableaux de l'école italienne du musée du Louvre : c'est là, sans doute, que l'aura prise madame Lef.-D., qui est artiste, et qui l'a constamment portée depuis dix ans, avant que ce ne fût la mode.

Non-seulement cette coiffure exige des cheveux longs, et surtout abondants, mais encore il faut les laisser pousser à ce point de vue. Ce n'est pas sans étonnement que l'on voit des femmes, qui avaient à peine, la semaine dernière, assez de cheveux pour la plus humble coiffure, en avoir suffisamment aujourd'hui pour cette coiffure luxuriante. Aussi je tiens d'un coiffeur célèbre, que certaines femmes, une fois lancées, voulant réunir sur leur seule tête toutes les diverses magnificences que se permettent séparément les maîtresses de quelques proverbiales crinières, et pensant que les cheveux sont comme le galon, que l'on n'en saurait trop prendre quand on en prend, portent à la fois jusqu'à sept petites perruques, — c'est-à-dire sept pièces de cheveux postiches.

Ainsi, aujourd'hui, si vous rencontrez dans un salon une femme dont la coiffure simple et modeste vous paraisse relativement un peu indigente, soyez sûr que c'est une femme qui a une très-grande abondance de très-beaux cheveux, et qu'elle en a, sans aucun doute, beaucoup plus que celles qui en montrent tant. — En effet, une femme, qui a une très-belle chevelure, peut seule refuser de la déshonorer en y mêlant de faux cheveux et des nattes de contrebande.

Il en est de même pour un autre mensonge : en ce temps-ci, beaucoup de gens se sont octroyé libéralement à eux-mêmes des titres magnifiques ; — les cartes du premier jour de l'an nous ont révélé, cette année, une foule de gentilshommes de notre connaissance qui, pendant vingt ans, avaient modestement voilé leur écusson. Je ne savais pas, pour mon compte, connaître autant de marquises et de vicomtesses. — Eh bien, quand on annonce un homme comme baron, il y a gros à parier que c'est un vrai baron ; les gens qui se donnent les titres à eux-mêmes ne daignant pas prendre celui-là.

Ainsi des cheveux : — les femmes qui en montrent le moins sont celles qui en ont le plus.

A propos de cheveux — non, je me trompe, je veux dire à propos de vicomtes — en tous cas, à propos de postiches, le feu roi Louis-Philippe, fort pressé par un de ses soi-disant fidèles serviteurs de donner à son fils un titre sans lequel il ne pouvait prétendre à un riche mariage, opposait au solliciteur tout ce qu'on peut dire contre ces parchemins de complaisance ; mais comme l'autre insistait : « Mon cher monsieur, dit le roi, je vous ai dit que je ne pouvais ni ne voulais donner à votre fils le titre que vous me demandez pour lui ; mais, entre nous, je ne vois pas bien ce qui l'empêcherait de le prendre. »

Beaucoup de femmes ne s'aperçoivent pas d'une chose, c'est qu'au milieu des splendides toilettes une riche et noble simplicité a toujours beaucoup de succès. — Supposez un salon où toutes les femmes auraient la tête chargée et constellée de pierreries ; — qu'une seule arrive avec ses cheveux sans ornements, — je suppose de beaux cheveux, — eh bien, le triomphe sera pour la dernière venue. — Et comme dit le poëte :

> Signe orgueilleux de grandeur souveraine,
> Rouge turban plissé sur la tête des rois,
> Non, tu n'as pas l'éclat de ces tresses d'ébène
> Qui couronnent son front, et que nattent mes doigts

C'est un grand avantage pour une femme que d'être *autre*.

Une robe unie, noire ou blanche, fera toujours beaucoup plus d'effet dans un salon où toutes les autres sont splendidement ornées ; cela sert de cadre, et l'on s'aperçoit assez mélancoliquement parfois qu'on s'est couverte, à grands frais, de somptuosités qui relèvent la beauté d'une rivale ; en un mot, qu'on a mis une robe qui va bien... aux autres.

XVII

SUR LA MODE. — LES FEMMES ET LES SINGES. — LA
DÉCENCE DOIT ÊTRE TOUJOURS A LA MODE

Nous jugeons très-bien du ridicule d'une mode ancienne, parce que nous ne la voyons que dans des images, parce que la femme qui remplissait cette jupe est morte, parce que le visage qu'encadrait ce chapeau est fané, etc. — Mais une mode actuelle nous abuse facilement parce qu'elle porte dans ses plis de quoi corrompre les juges. — Quand on parcourt un recueil de modes oubliées et que l'on rit de pitié en les regardant, on se dit : « Comment a-t-on pu se fagoter ainsi ? » — Puis on ajoute : « Aujourd'hui les modes sont bien plus raisonnables, — les femmes s'habillent beaucoup mieux, » etc.

Mais on ne pense pas que jamais, à aucune époque,

une femme à sa toilette n'a songé qu'elle se fagotait; elle a toujours pensé qu'elle augmentait ses charmes par ses affublements, quels qu'ils fussent. — Vous riez d'une jupe ou d'un chapeau ridicules, quand vous les voyez dans des recueils d'images ; — il est facile aussi de rire de la cuirasse creuse et du casque vide d'un de ces brigands de héros auxquels les hommes, se rendant justice, témoignent tant de reconnaissance pour le mal qu'ils en ont reçu. Mais, si sous cette visière vous voyiez tout à coup briller les yeux du guerrier, si sous ce chapeau reparaissait un frais visage et des yeux de velours, si sous cette jupe se dessinaient des formes vivantes, votre bravoure et votre gaieté s'effaceraient bien vite, et vous vous humilieriez devant ce sujet de vos audacieux quolibets.

Si une seule femme s'habillait ridiculement, elle pourrait être négligée ; mais, comme toutes les femmes s'empressent de suivre une mode, quelle qu'elle soit, il faut bien les aimer comme elles sont : le charme de leur personne se répand sur les artifices dont elles dénaturent leur beauté en croyant l'accroître, et on confond le tout dans les sensations qu'on éprouve. Vous aimez les noix et les châtaignes : — certes, le brou qui entoure la noix, écorce qui tache les doigts et a, au goût, une insupportable amertume, — certes, l'involucre couvert d'aiguillons qui fait ressembler la châtaigne à un petit hérisson vert, ne flattent beaucoup ni les yeux ni le goût ; mais, en les ramassant sous l'arbre, vous ne pensez qu'au fruit que renferment ces apparences peu prévenantes, et vous sentez votre appétit s'éveiller à leur aspect. Si les noix et les châtaignes s'avisaient de paraître à nos yeux avec d'autres formes encore et sous des enveloppes plus désagréables, cela ne nous empêcherait pas, en les trouvant, de dire : « L'excellent fruit ! » et de les ramasser.

Il faut un grand effort de bon sens pour apprécier équitablement la parure des femmes, et encore est-il prudent de procéder à ce jugement dans des moments choisis, — c'est-à-dire en regardant une femme vieille, laide et méchante, par exemple.

On fait jeter les hauts cris aux femmes en se permettant quelques observations sur la mode du moment. — J'ai cependant eu raison des gilets. Mais Dieu sait à quelles avanies publiques et particulières j'ai dû me résigner ! Aussi est-ce après quelques hésitations que je m'expose aujourd'hui à de nouvelles malveillances, en risquant de nouvelles observations qui tombent, cette fois, sur les jupes et sur les volants. — J'ai regardé pendant une demi-heure une assez laide et hargneuse personne, pour me bien convaincre moi-même, — car, lorsque l'on a l'imprudence de faire ses observations sur une jupe un peu bien habitée, il suffit du mouvement ou de l'ondulation d'un pli pour troubler la tête du juge et entacher sa décision de partialité. — Profitons donc d'un moment de hardiesse facile pour dire la vérité.

Les vastes dimensions des jupes, — quand cela ne va pas jusqu'à donner aux femmes la figure d'une sonnette, — quand elles forment des plis tombants et fluides, ne manquent pas d'une certaine noblesse gracieuse ; mais il faudrait que mesdames les couturières voulussent bien diminuer cette ampleur au-dessous de la taille, au lieu de froncer laborieusement une quantité d'étoffe excessive qui, devenue ainsi roide et compacte à l'œil, n'a plus l'air d'un vêtement ample, mais d'un fourreau qui accuserait des formes exagérées et hors de proportion avec la partie supérieure du corps. — De plus, le vêtement, au lieu de suivre les belles ondulations et les courbes gracieuses du corps féminin, change complétement les formes et les dénature. — Si une femme de goût, en se déshabillant le soir, se trouvait faite en réalité comme elle a fait semblant de l'être toute la journée, j'aime à croire qu'on la trouverait le lendemain matin submergée et noyée dans ses larmes. La largeur des hanches est une forme naturelle à la femme, et, à ce titre surtout, et à quelques autres, d'un aspect fort agréable ;

mais pourquoi ajouter d'autres ampleurs assez mal placées, de l'invention des couturières?

Outre cette forme factice, il est encore dans la forme actuelle des jupes un inconvénient plus grave à signaler : les rangées de volants. — Ces haillons ajoutés aux robes, par suite d'une mode inventée par des parvenus qui remplacent le *beau* par du *cher* ; ces rangées de volants descendant depuis la ceinture jusqu'au bas de la jupe, doivent, à ce qu'il paraît, pour être corrects, être bouffants et non froissés. — Or, il n'y a pas moyen de porter des volants depuis la ceinture jusqu'en bas, sans s'asseoir dessus. — Il n'y a pas moyen non plus de s'asseoir sur des morceaux d'étoffes flottants sans les friper ; de sorte que les femmes, dans le monde, passent une partie de la soirée à essayer sans succès de ne pas avoir des volants chiffonnés.

Ces efforts, vains et pénibles, amènent deux résultats :

Ils sont vains : par conséquent, les femmes portent derrière elles deux ou trois rangs de chiffons froissés.

Ils sont pénibles : par conséquent, toute femme assise qui se lève pour se rapprocher d'une amie, ou d'une table à thé, ou d'un piano, ou pour danser, commence par rajuster les trois rangs de volants sur lesquels elle était assise, — avec un geste qui rappelle celui d'un singe se grattant. Certes, cela n'est ni gracieux ni élégant ; mais, de plus, il est difficile de rien imaginer de plus indécent que ce geste, qu'une femme renouvelle une vingtaine de fois par soirée. Sans compter que cette préoccupation perpétuelle et inflexible des trois volants sur lesquels on s'assied, et d'une exhibition correcte de leur croupe, ôte aux femmes beaucoup d'abandon et beaucoup de liberté d'esprit.

Il faut avant tout être jolie, gracieuse et décente, dût-on exhiber pour vingt francs de soie de moins autour de sa jupe.

Minerve, — la sage déesse, — le savait bien, elle qui, ayant inventé la flûte, et voyant tous les dieux ravis des sons qu'elle tirait de cet instrument, aperçut ses joues gonflées disgracieusement, et jeta sur la terre sa flûte, qui fut ramassée par Dorus. Minerve restait femme précisément parce qu'elle était sage, et, tout en l'emportant sur les autres déesses par l'intelligence, elle ne prétendait le céder à aucune sur le chapitre de la beauté, — ce qui la poussa à accepter la décision de Pâris, jugeant — sans volants.

O perspicace déesse! qui, naissant de la tête du maître des dieux pour représenter le bon sens sur la terre, — devina d'avance qu'elle serait traitée en ennemi public, et n'osa sortir du cerveau paternel que cuirassée et armée de toutes pièces.

XVIII

AU THÉATRE

Un prêtre italien, amoureux de la musique, et d'ailleurs autorisé par les usages de son pays, voulut absolument entendre mademoiselle Alboni; il se glissa au Théâtre-Italien, et se blottit dans le fond d'une loge, — mais bientôt, il fut si enthousiasmé, qu'il trahit sa présence en s'écriant : « Femme, vos péchés vous seront remis. »

L'intérêt que l'on va chercher au théâtre n'est plus celui qu'on y allait chercher autrefois. — J'ai écouté, dans divers théâtres, les conversations de mes voisins. Quand on joue *Bérénice* ou *Clytemnestre*, vous croyez peut-être que les femmes du monde s'occupent de ceci : — Titus abandonnera-t-il Bérénice ? — Oreste tuera-t-il sa mère ?

Nullement. On veut savoir et on se demande qui a donné ce riche bracelet à mademoiselle Rachel ; on s'entretient du nouveau coupé de mademoiselle Judith ; et si quelque femme du monde pleure encore à la tragédie, c'est de chagrin de n'avoir pas le bracelet, d'envie à propos du coupé, et d'ennui de son métier de femme du monde.

XIX

LES GRANDES ET LES PETITES FEMMES

Ce serait une épouvantable chose que l'avarice, si les avares vivaient toujours. — Mais ils font dans la société l'office des citernes qui tiennent enfermée l'eau rassemblée par les gouttières de la maison. — L'avare meurt, et les héritiers ouvrent le robinet de la citerne. Le proverbe : « A père avare, fils prodigue » s'explique facilement par les privations de Tantale, les désirs inassouvis de l'héritier, et aussi parce qu'il est nécessaire qu'il en soit ainsi pour l'ordre général. — L'héritier vient après l'avare, comme la pluie vient après la sécheresse.

L'homme a beau s'agiter incessamment, il s'agite dans un cercle inflexible. — Ses appétits, ses besoins, ses excès même, tout le ramène à un ordre contre lequel il ne peut rien. Au moral comme au physique, il obéit, par ses vices comme par ses vertus, à des lois mystérieuses et inflexibles. Un seul exemple pris dans une observation très-vulgaire : — Il semblerait naturel que l'amour, en appariant les hommes et les femmes, réunît des individus à peu près de la même taille. — En apparence, la femelle d'un homme de cinq pieds huit pouces est une femme un peu au-dessus de cinq pieds. — Cependant, vous voyez les hommes de grande taille rechercher de préférence les petites femmes ; et les petits hommes ont été doués, par la nature prévoyante, d'un très-grand orgueil, qui fait qu'ils ne trouvent jamais de femmes trop imposantes par leur taille ni par leur poids. — Sans ce goût étrange, sans cet instinct puissant, qui est évidemment une loi, si les petits hommes aimaient les petites femmes, si les hommes de haute taille ne jugeaient que les grandes femmes dignes de leurs empressements, les humains seraient depuis longtemps partagés en deux espèces : des géants et des nains, dont les différences iraient toujours en s'exagérant ; et les grands mangeraient des brochettes de petits.

Une femme disait : « Comme, en France, la taille de l'homme n'est pas très-élevée, il est très-avantageux d'être grande ; d'abord, tous les petits hommes sont amoureux de vous, sans autre raison ; — puis ensuite on pêche bien par-ci par-là encore quelques hommages parmi les grands. »

A propos des beautés imposantes, il n'y a pas que dans l'Orient qu'elles sont recherchées. — J'ai entendu souvent les paysans normands faire de certaines femmes un éloge qui en peut servir de preuve.

— Ohé ! Bucquet, sais-tu que tu as une belle femme? Elle est joliment lourde, la Bucquette !

— Vous êtes bien honnête, mon voisin Duchemin; la Bucquette est pas mal lourde, mais elle n'est pourtant pas lourde comme la Duchemaine.

C'est également une flatterie très-délicate, très-appréciée et très-bien reçue, que de dire à une mère que ses petits sont lourds.

J'ai vu la belle-mère de Blanquet, l'illustre aubergiste d'Étretat, laquelle belle-mère demeure à huit lieues de là, prendre successivement chez elle chacun des trois ou quatre enfants de sa fille. Aussitôt qu'un des marmots arrivait, son premier soin était de rassembler quelques voisines, et, en leur présence, de peser l'enfant. Un mois après, lorsque sa famille le redemandait, elle le pesait derechef devant les mêmes voisines, constatait le nombre de kilogrammes dont elle l'avait augmenté, le renvoyait fièrement au père et à la mère, et en demandait un autre.

Je parlais tout à l'heure de la prodigalité et de l'avarice, — j'y reviens. Ce sont deux vices qui se corrigent l'un par l'autre et rétablissent sans cesse l'équilibre. — Je comprends cependant l'usage où l'on est, quand on n'envisage pas l'ensemble de la société, de réunir à l'égard de l'avarice les épithètes les plus fâcheuses. — Mais je ne me rends pas compte aussi bien de la sévérité que l'on témoigne en parlant de la prodigalité, ce défaut par la vertu duquel, — vers cinq heures du soir, — on voit, au-dessus des maisons, s'élever la fumée de tant de cheminées d'autrui. Mais il est amusant de voir chaque homme appeler *avarice*, chez les autres, ce qu'il traite d'*ordre* chez lui, et appeler dédaigneusement *prodigalité* la générosité d'autrui. Il en est de même des femmes : chacune se croit précisément arrivée au degré de vertu et de chasteté qu'il faut avoir. — Chacune déclare, sans se faire prier, la femme qui a moins de vertu qu'elle une courtisane; et celle qui en a davantage une prude et une bégueule.

XX.

UNE FAUTE DE BON SENS

M. *** se sentit un jour le cœur touché, non pas à la vue des beaux yeux, des pieds mignons et de la taille cambrée de mademoiselle trois étoiles, — attendu que ces avantages sont chez elle à un degré fort ordinaire, mais par ceci, surtout, qu'elle est fort à la mode, c'est-à-dire qu'il y a un assez grand nombre d'imbéciles connus qui se sont déjà ruinés pour elle. — Une chose cependant faillit éteindre une si belle flamme dès son début : un des anciens admirateurs de ladite demoiselle montra à M. *** une lettre qu'il avait autrefois reçue d'elle, en réponse à la lettre par laquelle il lui avait fait part de ses sentiments ; dans cette épître, mademoiselle trois étoiles acceptait l'offre du cœur, et les accessoires, mais elle ajoutait : « *J'espaire* au moins que vous n'êtes pas *jalloux*, car je n'aimerai jamais un *Horosmane.* »

—C'est une phrase, ajouta l'indiscret, que mademoiselle trois étoiles a prise je ne sais où, mais qui lui a paru touchante et agréable, car je l'ai retrouvée cinq ou six fois dans des lettres adressées à des hommes de mes amis, dans des circonstances identiques.

—C'est fâcheux, dit M. ***, qu'une aussi charmante personne, qu'une femme si à la mode, manque ainsi d'éducation.

Il hésita vingt-quatre heures, fit néanmoins sa déclaration, et reçut, dès le lendemain, une lettre gracieusement encourageante, mais dans laquelle il retrouva la malheureuse phrase : « Je n'aimerai jamais un Horosmane. »

M. *** fronça le sourcil ; mais le bonheur était tiré, il fallait bien le boire. — D'ailleurs, il oublia bientôt, du moins pendant quelque temps, le petit défaut du diamant qu'il venait d'acquérir. — Il dépensa beaucoup d'argent pour mademoiselle trois étoiles, et se crut très-amoureux en la voyant très-regardée par les autres. Cependant, un jour où ils avaient passé une journée à la campagne, vers la fin du jour, à l'heure des tendres épanchements, la trouvant plus charmante que jamais, il lui tint à peu près ce langage :

— Vous êtes, ma chère, la plus ravissante femme que j'aie jamais connue ; je suis plus amoureux de vous cent fois que le premier jour où je vous ai vue et désirée ; chaque jour je découvre en vous des grâces nouvelles. — Cependant, il y a une tache à mon soleil. — Comment se fait-il qu'une fille aussi intelligente que vous ne sache pas l'orthographe ?

— Est-ce que je ne sais pas l'orthographe ? dit mademoiselle trois étoiles.

— Hélas ! non.

— Je n'y ai jamais fait attention.

— Tenez, par exemple, la première lettre que j'ai reçue de vous contenait une faute tellement choquante, qu'un moment j'ai senti vaciller et près de s'éteindre ma flamme naissante, et failli ne pas donner suite à mes tendres intentions à votre égard.

— Vraiment, bon ! Et quelle était donc cette terrible faute ?

— Vous aviez écrit **Horosmane**... avec un **H**.

— Comment est-ce que ça s'écrit ?

— Mais... sans *h* : —O—r—o—s—m—a—n—e.

— Vous m'étonnez... Comment ! vous avez failli, pour si peu de chose...

— C'est la vérité... Aussi vous devriez bien vraiment prendre quelques leçons... alors, cette imperfection, la seule qui soit en vous, disparaîtrait.

— Nous verrons cela.

M. *** revint une fois ou deux sur le même sujet; mais mademoiselle trois étoiles refusa définitivement pour deux raisons, dont la seconde toucha M. *** jusqu'à l'attendrissement.—La première raison, c'est que cela ennuierait la belle ; la seconde, c'est que, puisque M. *** l'aimait comme cela, elle se trouvait parfaitement bien et ne se changerait à aucun prix. Et ils continuèrent à filer des jours d'or et de soie. M. *** se croyait adoré, et s'habituait, un peu trop peut-être, à son bonheur ; il commençait à montrer beaucoup moins l'objet de sa flamme, et à vivre assez renfermé avec elle.

Un jour, après dîner, il était à demi couché dans un fauteuil, lisant un journal et fumant un cigare ; de temps en temps, ses paupières appesanties retombaient sur ses yeux. — Une paisible somnolence s'emparait de lui pendant quelques instants, puis il écarquillait les yeux, aspirait une bouffée de tabac, lisait une phrase de son journal. — Dans un de ces intervalles, il vit mademoiselle trois étoiles assise devant son secrétaire et écrivant.

— Que faites-vous, ma chère? demanda-t-il.

— Vous le voyez, mon bon, j'écris.

— Et à qui écrivez-vous, ma charmante ?

— Oh!... à ma marchande de modes.

Et M. *** referma les yeux et dormit quelques instants; il ne tarda pas à être réveillé par la voix de mademoiselle trois étoiles.

— Dites donc, mon bon?

— Que voulez-vous, mon ange?

— Comment, diable! est-ce que vous m'avez dit qu'il fallait écrire Horosmane?

M. *** se réveilla tout à fait, fit un saut sur son fauteuil. Il avait compris à quoi on répondait et ce qu'on répondait. — Mais, comme c'est un homme froid, et que surtout il se pique de l'être, il se remit bientôt et lui dicta, lettre par lettre, le mot Orosmane. Puis il prit son chapeau et sa canne, sortit sans rien dire, et ne rentra plus dans la maison.

―――

S'il est des gens réellement malheureux, il est juste également de dire que la plupart des hommes construisent laborieusement l'édifice de leur malheur, et bâtissent, comme on dit, des cachots en Espagne. La plupart des hommes font consister le bonheur dans ce qu'ils n'ont pas, sans autre raison que ceci, qu'ils ne l'ont pas, ou qu'un autre le possède. On a dit avec raison : « On regarde l'envers de sa vie et l'endroit de la vie des autres! »

La plupart des gens se figurent que la vie leur doit des bonheurs infinis. Ils font une liste longue et emphatique des diverses félicités qu'ils voient et qu'ils rêvent, et ils adressent des reproches amers à la Providence, à chacune de ces félicités qu'ils ne voient pas leur tomber toute rôtie. Quand ils font leur bilan, ils se trouvent odieusement volés, et accusent à hauts cris ladite Providence de banqueroute frauduleuse à leur égard.

Il serait plus prudent, plus juste et plus heureux, d'employer le procédé contraire :

A savoir, de dresser une liste exacte de tous les fléaux, maux, souffrances, etc., que peut renfermer la vie d'un homme, et de se réjouir de tout ce qu'on réussit à éviter.

Il en est de même de la façon de juger les hommes ; on se représente l'homme normal comme un composé charmant des vertus les plus magnifiques et quelquefois les plus contradictoires. — Puis, ensuite, on se met à haïr cordialement chaque homme en particulier de tout ce qui lui manque entre les brillantes qualités dont il vous a plu de décorer un type de votre invention.

Combien d'amis excellents on a repoussés parce qu'ils n'étaient pas exactement taillés sur le modèle fantastique de Pylade. Au contraire, figurez-vous, ce qui est la vérité, que l'homme est naturellement un animal sauvage, égoïste, grossier, traître, avide, féroce, qui n'a renoncé à manger son semblable que parce que la viande humaine est coriace et d'un goût médiocre. Sachez bon gré aux hommes que vous rencontrerez des petites dissemblances que vous leur découvrirez avec le type ci-dessus ; chérissez-les à cause de ces dissemblances, quelque petites qu'elles soient ; vous serez ainsi, je le répète, plus heureux et plus juste, et je vous avertis que c'est le seul moyen que j'aie trouvé de ne pas devenir parfaitement misanthrope en ce temps-ci.

On est longtemps à prendre une pareille résolution, et je ne vous cacherai pas que je n'y ai réussi que depuis un quart d'heure. — Si bien qu'en diligence j'ai fait encore des vers contre le bonheur.

> De bonne grâce, au mal, je m'étais bien soumis,
> Mais contre le bonheur j'ai parfois l'âme émue ;
> On a de faux amis et de vrais ennemis ;
> On se lasse de tout, dans cette vie, hormis
> Du malheur qui toujours garde sa pointe aiguë.
> Le bonheur est mensonge, et le mal vérité ;
> De malheurs évités le bonheur se compose ;
> L'homme, à l'âge envieux où naît l'austérité,
> Où l'on fait la sagesse avec l'infirmité,
> Saigne encore de l'épine et ne sent plus la rose.

Vous vous dites : « Je voudrais avoir un ami ; » et vous vous faites une vertu et un mérite de ce désir. Qu'entendez-vous par un ami? Un homme qui se dévoue entièrement à vos intérêts et à vos plaisirs, un homme qui vive entièrement à votre bénéfice? Le malheureux auquel vous avez attribué ce rôle impossible ne tarde pas à devenir l'objet de votre haine et le sujet de vos plaintes à tout venant. On veut avoir un ami, mais on ne s'occupe pas d'en être un, et on ne se fait jamais subir à soi-même un examen, même sommaire, à ce sujet. On exige d'un autre ce qu'on obtient à peine de soi pour soi-même. Dans une comédie, dont je n'ai fait que deux vers, je fais dire à un personnage :

> Sans moi... je ne serais pas heureux à demi,
> Si je pouvais jamais devenir mon ami!

Si, au lieu de penser que votre ami ne doit avoir qu'un souci, qu'un but, vous servir, ce qui vous conduit naturellement à le haïr; si vous partiez d'un point opposé, et vous vous disiez : « Tout homme qui vient chez moi y vient pour séduire ma femme et ma fille, pour y ramasser des médisances qu'il ira colporter au dehors, pour manger mes dîners et m'emprunter mon argent, etc., etc. »

Vous feriez chaque jour le relevé des mauvais procédés que chacun de vos familiers n'aurait pas eus dans la journée, et vous finiriez par le trouver un homme très-clément, auquel vous devez de la reconnaissance.

Une femme remarqua un jour dans mon logis quelques statuettes que m'avaient données des hommes d'un grand talent, qui me faisaient l'honneur d'être mes amis, tels que Pradier, Feuchères, etc.

— Vous avez bien tort, me dit-elle, d'accoutumer vos yeux à ces formes si parfaites, assemblage rare dû à l'imagination des sculpteurs, qui réunissent en une seule figure des beautés que la nature a éparpillées entre plusieurs. On se corrompt ainsi le goût, et on exige des pauvres femmes des conditions qui ne sont pas dans la nature.

Il est évident qu'un homme qui ne voudrait aimer qu'une femme exactement pareille à la Sapho de Pradier, par exemple, mourrait vierge, étouffé par l'encens qu'il n'aurait pas trouvé occasion de brûler.

Sous un autre aspect, au lieu de vous faire une image de femme d'après les romanciers et les poëtes, dressez une nomenclature un peu complète de tout le mal que peut vous faire votre femme ou votre maîtresse : elle peut vous trahir et vous afficher; elle peut vous ruiner, elle peut vous calomnier, elle peut vous empoisonner, etc., etc. — Les exemples de ces divers procédés ne sont pas rares et vous n'avez qu'à choisir. Eh bien! réjouissez-vous de tout ce qui ne vous arrive pas de ce qui est sur votre liste, et sachez-en gré à la compagne de votre vie.

Quand vous rentrez chez vous, le soir, après vous être absenté tout le jour pour vos affaires, — dites-vous : « Que s'est-il passé pendant mon absence? Peut-être je vais trouver une déclaration de guerre sur papier timbré et le commencement d'un procès; — peut-être mon chien a mangé mon enfant, ou ledit enfant est tombé par la fenêtre; — peut-être vais-je recevoir une lettre qui m'annonce la fuite de mon notaire; — peut-être le feu a pris à ma maison, et ne vais-je plus trouver qu'un tas de cendres fumantes à la place qu'elle occupait; — peut-être mon domestique m'a complétement dévalisé, — peut-être mes cohéritiers m'ont accusé d'avoir falsifié le testament de ma tante, et vont demander à la justice que je sois mis aux galères; — peut-être, sur une dénonciation quelconque, vais-je être emprisonné, exilé, déporté; peut-être vais-je apprendre que mon frère a été tué en duel, etc., etc., — que ma femme s'est enfuie avec un galant, etc. » —Car tout cela arrive ensemble ou séparément à des hommes de chair et d'os comme vous, à des hommes aussi honnêtes que vous ; vous n'avez aucun droit de ne pas subir ces chances communes.

Ajoutez à la joie que vous éprouverez à la pensée de tout ce qui ne s'est pas passé de désastreux chez vous pendant votre absence, une joie égale de ce qui ne vous est pas arrivé pendant vos courses : — vous n'avez pas été écrasé par une voiture, il ne vous est pas tombé de pots de fleurs ni de couvreurs sur la tête ; — un *commis en nouveautés* ne vous a pas crevé la figure avec ses volets, en fermant la boutique de son patron ; — on ne vous a pas volé votre montre, votre bourse, ni même votre foulard ; — un pâtissier n'a pas renversé de sauce sur votre habit ; — vous ne vous êtes cassé ni les bras ni les jambes en tombant ; aucune femme ne vous a éborgné avec son parapluie ; vous n'avez pas brisé avec votre canne la devanture en glaces d'une riche boutique ; vous n'avez pas reçu une insulte qui vous oblige à vous battre demain matin ; on ne vous a lu dans les maisons où vous êtes allé ni cantates ni poëmes, etc., etc.

Eh bien ! — tout cela peut tenir dans une journée ; de tout cela, vous n'êtes pas plus à l'abri que les autres hommes.

Donc, il est juste de vous réjouir et de remercier la

Providence, si un seul de ces malheurs vous a manqué, eussiez-vous subi tous les autres ; — si vous avez échappé à la moitié de ce que renferme cette liste beaucoup trop courte, vos actions de grâces doivent être pleines d'onction. Tous ces malheurs, comme les balles d'un feu de peloton, sont tirés sur les chemins où vous passez ; vous voyez autour de vous des gens atteints et renversés, et vous auriez l'ingratitude de ne pas vous réjouir. Allons donc!

XXI

LE BONHEUR

Je tombai d'autant plus naturellement sur l'*Ode à Mécène* d'Horace, qu'elle est au commencement du volume.

> *Sunt quos curriculo pulverem olympicum*
> *Collegisse juvat, metaque fervidis*
> *Evitata rotis*. . . .

Il est des gens qui mettent leur bonheur à soulever la poussière du cirque, etc., etc.

« Pour moi, pensais-je en me ressouvenant d'une affaire qui m'appelait dehors, — *mon bonheur* serait de ne pas sortir aujourd'hui. » — Et en même temps je pris mon chapeau et mes gants.

« Quelle singulière chose que le bonheur! — me disais-je en cheminant, — je me rappelle d'autres jours où mon bonheur aurait été de pouvoir sortir quand j'étais obligé de rester à la maison. » — Et je rappelai dans ma mémoire tous les bonheurs que j'avais poursuivis.

Les uns, — brillants fantômes, s'étaient évanouis entre mes mains avides — comme s'ils fussent remontés au ciel sur un rayon de la lune.

Les autres, — papillons éclatants, — s'étaient laissé prendre; — mais la poussière écailleuse qui peignait leurs ailes était restée après mes doigts, et le papillon était presque redevenu une chenille.

En un mot, de *mes bonheurs*, ceux que j'avais *manqués*, comme un gibier visé de trop loin, — étaient dans mon imagination restés des bonheurs dont le souvenir et le regret me faisaient encore frissonner le cœur.

Ceux que j'avais atteints ne m'avaient laissé que dégoût et tristesse.

Parbleu, — dis-je en allumant un second cigare aux débris du premier — Ovide avait raison, — et il savait ce qu'il voulait dire — quand il nous racontait l'histoire de Pan et de Syrinx, — qui fut changée en roseau entre les bras de son amant.

Ainsi que celle d'Apollon et de Daphné, qui, — au

moment où Apollon allait la saisir, — fut changée en laurier.

Et j'estime une sottise ce qu'en ont tiré les moralistes ; à savoir (je copie textuellement) :

« Ce changement de Daphné en laurier, qui conserve en tout temps ses feuilles vertes, — est un gage de la gloire, qui ne se peut flétrir, que celles de son sexe acquièrent en conservant entièrement la riche fleur de leur virginité, contre les importunes recherches de ceux qui, sous un faux voile d'amour, ne tâchent qu'à ruiner leur honneur et leur réputation. »

C'était bien plutôt...

Je suis réellement fâché d'avoir commencé cette histoire en voyant qu'il faut ici une description de femme. Je ne puis me décider à une description facile et vulgaire, — telle que :

Elle avait...

— Mais qui donc ?

— Eh ! la femme que je vis passer.

— Vous vîtes donc passer une femme ?

— Certainement ; — je croyais vous l'avoir dit. — Je ne puis me croire quitte de ma description en vous disant : Elle avait des yeux de *saphir*, — des cheveux *d'ébène*, — des dents de *perles*, — un front *d'ivoire*, — un col de *cygne*, — des lèvres de *corail*. — Parbleu! — dis-je un jour à Massé, — un camarade avec lequel je demeurais au quatorzième étage, rue Vivienne, — oblige-moi donc de me peindre la créature que voici; et je lui lus une description de ce genre; — je vous assure que c'était hideux.

— Je ne sais réellement comment faire pour ma description, — peut-être le détail des perfections qui m'enchantèrent — sera-t-il précisément le contraire de ce que vous aimez; — je vous dirai seulement qu'il y avait dans sa beauté surtout de la grandeur et de l'élévation, — ses yeux de velours noir avaient une sévérité calme et sereine, — sa démarche était simple, gracieuse et noble. — Je me dérangeai, non pas seulement pour lui laisser le haut du pavé, — mais pour ne pas toucher sa robe par respect, — et je laissai tomber mon cigare.

J'entrai dans la maison où j'avais affaire. — On me fit attendre dans une pièce où étaient plusieurs personnes, — je m'assis, et je pensai à elle.

Un homme de mes amis, Lovelace de son état, me disait un jour : « Il semble que chaque homme ait son harem dispersé dans le monde, et que chaque odalisque de ce harem ait une marque, — comme la raie rouge ou bleue que l'on imprime sur la laine des moutons, — marque invisible, à laquelle cependant on la reconnaît; — et, aussitôt qu'on aperçoit une femme de

ce harem inconnu, — on se dit à soi-même : « Tiens...
« une de mes femmes ! »

Cette fois-là, — j'avais senti une impression tout à la fois analogue et contraire, — il me semblait que j'étais à cette femme, — qu'à un signe mystérieux je reconnaissais en elle ma souveraine.

Je sortis sans attendre la personne que j'avais demandée, — je marchai à grands pas par la route qu'elle avait prise, et je ne tardai pas à la rejoindre.

Il y avait en elle quelque chose de singulier, qui me dominait malgré moi, — j'avais peur qu'elle ne s'aperçût que je la suivais. — Il me semblait que sa jupe de taffetas noir était une inflexible jupe de plomb dont même le désir et l'imagination n'oseraient déranger un seul pli. — J'aurais été bien étonné si le vent l'avait soulevée jusqu'à me faire voir la cheville de son petit pied. C'était une de ces femmes qu'il semble qu'on *n'a pas*.

Elle s'arrêta un instant devant une boutique de nouveautés, — ses yeux ne se posèrent que sur des étoffes simples et de bon goût. « Quoi ! pensai-je, comme étonné que tout ne fût pas à elle, il y a peut-être quelque chose qu'elle désire ! » — Et, pour la seconde fois de ma vie, j'eus envie d'être riche ; — et, à quelque distance que j'en puisse être, — il me sembla bien plus loin encore et bien plus difficile d'avoir le droit et la hardiesse de lui faire un présent. — Et ma pensée s'arrêta sur ce second point, comme si la première difficulté n'eût été en comparaison absolument rien.

Et je songeai à toutes les magnificences que les hommes cherchent jusqu'au fond des mers et dans les entrailles de la terre. — Il me parut que lui donner les plus belles perles, — les plus riches diamants, — c'était comme rendre à un oiseau son plumage naturel.

Et je sentais que je saurais me les procurer si elle me voulait jamais permettre de les lui offrir, — non pour en rien obtenir d'autre que le plaisir de la compléter par le plus magnifique entourage, ainsi qu'on se plaît à enchâsser dans l'or un précieux rubis. Il me semblait, — ce qui jusque-là ne m'était guère arrivé à l'égard d'autres femmes, — que je prendrais volontiers celle-là pour ma part tout entière de femmes et d'amour, — et que je renoncerais avec joie, — pour elle, à toutes les bonnes chances et rencontres de la vie ! — Je cherchais comment je pourrais la revoir et la rencontrer dans le monde où ailleurs ; — je me trouvai, — moi qui n'y pense guère, — médiocrement vêtu, et je méditai de me faire faire un habit neuf. — Toutes ces choses de la gloire, — dont je ne fais pas grand cas, me parurent dignes d'envie, et je regrettai de ne pas avoir jusque-là consacré ma vie à me faire un nom qui la frappât de ravissement et d'admiration la première fois qu'elle l'entendrait, — me sentant tant de force et de résolution, animé par un tel but, — que je voyais faciles toutes les plus grandes choses qui aient jamais été faites par d'autres, — si elles devaient me rapprocher d'elle.

Je me rappelai Robinson et son île, — et je songeai que c'était dans une semblable solitude que je voudrais la tenir, — n'ayant pas trop de toute ma vie — pour la regarder, — pour admirer et aimer chacun de ses cheveux, l'un après l'autre.

Et cependant elle marchait sans paraître m'avoir aperçu, — sans audace, mais sans embarras, — ne se souciant pas des regards qu'elle attirait, comme enveloppée de sa dignité et de sa grâce austère.

Et je la suivais, — comme enchaîné, — et je voyais se presser dans ma mémoire tout ce que les hommes de toutes les époques avaient jamais fait pour les objets de leur amour : — les tournois et les guerres, — les peuples vaincus, les monstres domptés ; — passant, sans m'en apercevoir, des récits de l'histoire aux contes des romans de chevalerie, — je ne contestai pas plus la possibilité des uns que des autres ; — et je ne trouvai rien d'absurde ni d'exagéré. — Je ne m'étonnai pas de ce que fit cet homme, qui consentit à mourir pour passer une nuit avec Cléopâtre,

— si ce n'est d'un si bon marché. Provisoirement, et faute d'exploit possible pour le moment, — je me surpris à heurter violemment un homme qui, ne se rangeant pas assez vite pour lui donner le haut du pavé, — avait froissé sa robe.

A ce moment, elle passa devant une boutique d'où s'exhalait une de ces fâcheuses odeurs qui remplissent Paris. — Et moi, qui, d'ordinaire, ai une telle sensibilité à l'égard des parfums, que je ne puis jamais séparer le souvenir d'une femme de l'odeur, *quelle qu'elle soit*, qui l'entourait la première fois que je l'ai vue, — je n'eus pas d'elle cette impression, — seulement, je me sentis irrité contre la ville, — contre le maître de la boutique, contre tout le monde.

Cependant — le jour baissait, et elle hâta un peu le pas, mais sans affectation.

Puis, tournant brusquement à gauche, elle entra dans la rue, s'arrêta devant une petite porte étroite ; — je crus qu'elle se rangeait pour laisser passer une voiture, — mais je n'en vis venir aucune. — Et, comme je me trouvais alors près d'elle, — elle me dit : « Veux-tu monter chez moi ? »

Je restai étourdi et anéanti, puis je m'éloignai de quelques grands pas. — D'abord, je fus assez longtemps à me remettre de ma stupeur ; — puis, je m'irritai contre tout ce qu'il y a de mensonges dans la beauté d'une femme. — En effet, — le plus souvent, — un air de douceur ou de fierté ne signifie pas qu'une femme soit fière ou bienveillante : c'est une manière particulière d'être belle, et puis voilà tout. — Puis je m'irritai contre moi, et, cette fois, je me rappelai Horace, mais aux satires :

Transvolat in medio posita et fugientia captat.

Bizarrerie étrange de l'homme, *qui ne veut que ce qui lui échappe et dédaigne ce qui est entre ses mains !*

Cette même femme, pour laquelle, tout à l'heure, je n'aurais pas plaint plusieurs années employées rien qu'à me rapprocher d'elle, — qui me faisait voir le plus grand bonheur que j'aie rêvé dans un de ses regards; — pour laquelle je me serais fait riche au prix de tant d'ennuis et de dégoûts, seulement pour me faire ensuite pauvre pour elle, la voilà qui s'offre tout entière pour dix francs ; — je n'ai qu'un étage à monter, — et je m'en vais, et je n'en veux pas.

En retrouvant la page de mes rêveries, à laquelle j'avais fait une corne lorsque j'avais été distrait par sa rencontre, — je me dis : « Ovide avait raison, — la nymphe métamorphosée en laurier veut dire que ce que nous avons le plus désiré se transforme en quelque chose dont nous ne faisons aucun cas aussitôt que nous le possédons. »

Et j'avais raison aussi, quand je disais : — « Le bonheur est quelque chose qui fuit et qui ne laisse voir que la poussière brillante que font lever ses pieds. »

XXII

A PROPOS DE PEINTURE

Un homme est venu avec sa femme de je ne sais quel département, pour solliciter une place dans une administration particulière. — Cet homme est timide et maladroit, sa femme ne manque ni de grâce, ni d'assurance.

— Laisse-moi faire les démarches, dit-elle à son mari, tu nous feras tout manquer si tu parais.

— Mais, ma chère, on dit l'administrateur fort galant, et tu es si jolie...

— Il se moque bien de ma beauté !

— Cependant, tu comptes un peu sur l'effet qu'elle produira pour la réussite de nos projets?

— Je n'y pense guère ; — je compte sur nos droits, sur tes talent

— Je veux bien que tu ailles chez M. ***, mais il faudrait que tu pusses laisser tes attraits à la maison.

— C'est difficile.

— Non, si tu me laisses faire.

— Eh bien ?

— Eh bien ! laisse-moi te peindre légèrement le nez en rouge chaque fois que tu iras solliciter.

La femme refuse, et il n'y a pas une femme, fût-ce la plus honnête et la plus dévouée, qui accepterait.

A propos de peinture, les femmes continuent à se peindre outrageusement. — On a vu dernièrement une mesure de l'autorité qui prescrit, pour les travaux du gouvernement, l'emploi du blanc de zinc, en remplacement du blanc de céruse, qui, dit-on, est une substance fort malsaine, tant dans la préparation que dans l'emploi ; — à plus forte raison comme comestible. — Eh bien ! il serait bon, puisque les femmes sont décidées à se peindre si énergiquement, qu'on leur ordonnât, sous les peines les plus sévères, de renoncer à se badigeonner avec du blanc de céruse, et qu'elles lui substituassent l'inoffensif blanc de zinc. — Cueillez donc un baiser sur le front ou sur les joues d'une femme peinte au blanc de céruse! Vous respirez, vous mangez du blanc de céruse, et vous êtes pris d'atroces coliques. Cela peut jeter les hommes galants dans de grandes perplexités et d'étranges hésitations, et donner de la retenue et de la modestie aux plus aventureux et aux plus entreprenants ; on y regarde à deux fois avant de dérober des faveurs vénéneuses. — Les femmes peintes au blanc de céruse sont un peu comme ces propriétés riantes et ombreuses, sur les murs desquelles le propriétaire a écrit : « Ici, il y a des piéges à loups. »

XXIII

LES LOTERIES

Un homme qui était bien embarrassé était M. Langlois, entrepreneur de la loterie des lingots d'or. — Grâce aux rêves et aux espérances des détenteurs de billets, il était responsable de quatre cent mille francs envers plus de cinq millions de Français. — Ces cinq millions de Français ne le perdaient pas de vue et recueillaient avidement tous les bruits faux ou vrais qui pouvaient circuler sur lui. — Chacun avait les yeux fixés sur lui. — Il sort. — Pourquoi sort-il? Il va à la campagne, il quitte Paris. — O mon Dieu! quelle incurie! l'autorité le laisse sortir de Paris! — Et s'il s'en allait, s'il ne rentrait pas ce soir! — Et mes quatre cent mille francs! Il n'eût pas été prudent à M. Langlois de découcher.

En attendant que les divers tripotages qui paraissent avoir eu lieu dans cette affaire soient suffisamment mis en lumière et qu'on sache à quoi s'en tenir sur les récriminations échangées entre M. Langlois, M. Reyre, M. Savalette, etc., — il n'en est pas moins vrai qu'il est fort malheureux qu'on ne puisse pas en France exécuter *régulièrement* une loterie de ce genre.

Voyez déjà combien de rêves de fortune, d'indépendance, de générosité, chacun a fait pour ses vingt sous ; — combien de désespoirs ont été ajournés par des gens qui se disaient : « Attendons le tirage de la loterie des lingots d'or : qui sait? » Pendant ce temps, ou on s'habitue à la situation qui causait le désespoir, ou elle vient à changer, car rien dans la vie n'arrive guère ni comme on l'espère ni comme on le craint, — et, si l'on ne gagne pas le lingot, on a gagné de la réflexion, du calme et de la résignation.

Je connais une vieille dame qui a pris cinq billets à la loterie de M. Langlois. Elle a fait ses rêves comme les autres, et a déjà, à ma connaissance, changé une trentaine de fois l'emploi et la division de ses quatre cent mille francs.

Elle a une amie de son âge qui l'a entourée de soins dévoués et assidus pendant une maladie, et qui forme à peu près sa seule intimité. Cette vieille amie vit médiocrement d'un très-petit revenu, tandis que l'autre a de l'aisance. Elle n'a pris qu'un seul billet de la loterie des lingots d'or. C'est le plus souvent ensemble qu'elles font des projets pour l'emploi des quatre cent mille francs du gros lot; — plusieurs nuages se sont élevés entre elles déjà à ce sujet, mais elles se sont réconciliées; — la moins riche, un jour de réconciliation, s'avisa de dire : « Écoutez, madame X***, si je gagne le gros lot, je partagerai avec vous. — Moi de même, » répondit madame X*** dans le premier mouvement. L'amie de madame X***, peu de jours après, partit pour aller passer le reste de la saison à la campagne auprès d'une de ses filles. La première fois que j'allai voir madame X***, elle me parla beaucoup de son amie; elle rappela les soins touchants qu'elle lui avait prodigués dans sa dernière maladie. « Sans elle, je serais morte. Aussi, me dit-elle, si je gagne le gros lot à la loterie des lingots d'or, je partagerai avec elle. »

Je la revis quelques jours après. « Eh bien! pensez-vous toujours au gros lot? — Oui, certes, et je le partagerai toujours avec Sophie, quoique j'aie cinq billets et qu'elle n'en ait qu'un, ce qui me donne plus de chances qu'à elle. » Elle reçut bientôt une lettre de Sophie; celle-ci, entre autres choses, lui disait : « J'ai perdu mon billet de la loterie des lingots d'or. —

Je vous prie de m'en acheter un. » Madame X*** fit la commission de son amie; mais, au moment de lui envoyer le billet, — elle s'arrêta : si c'était le billet gagnant, — l'avoir eu dans les mains et l'avoir donné, ça serait dur ! « Ma foi, je le garde ; puisque, si je gagne, je partagerai avec Sophie, elle n'a pas besoin d'avoir un billet. » L'autre ne songea plus au billet. Pendant ce temps, madame X*** continuait ses projets. — Elle avait six billets; presque toutes les personnes de sa connaissance en avaient pris, mais en avaient un, deux ou trois ; — personne n'en avait six; — elle ne tarda pas à penser qu'elle avait de très-grandes chances, ayant plus de billets que tout le monde. — Sa résolution de partager le gros lot en fut ébranlée. — Un de ses projets était d'acheter une belle propriété, qui consistait en une petite maison de campagne ; elle en avait demandé le prix : — deux cent quarante mille francs. « Eh bah! dit-elle, il restera encore cent soixante mille francs à Sophie. »

Mais il y aura des réparations à faire à la maison : « Sophie aura bien assez de cent cinquante mille francs. — Elle m'a soignée dans ma maladie, c'est vrai, mais j'en aurais fait autant pour elle; qu'elle soit malade demain, et j'irai à son chevet. »

Les annonces des journaux apprirent alors que le

tirage était prochain, qu'il n'y avait presque plus de billets, etc. ; madame X*** fut émue. « Voilà donc que nous allons savoir notre sort ! Ah ! si j'ai le gros lot, — j'aurais bien envie d'une petite voiture ; — bah ! pour trois mille francs j'aurai la voiture et le cheval, mais il faut un cocher, — et puis un cheval, ça mange, — la voiture s'use ; — ça me coûtera deux mille francs par an, — c'est donc cinquante mille francs que je prends encore à Sophie ; — mais elle profitera de ma voiture presque autant que moi, — et je suis vieille, l'exercice m'est salutaire et la marche me fatigue ; il me faut absolument une voiture, je ne puis pas me passer d'une voiture ; il est juste de faire du bien à ses amis, mais il faut aussi penser un peu à soi. » A quelque temps de là, madame X*** fit un rêve : — son époux, mort depuis vingt ans, lui apparut dans son sommeil ; il tenait à la main un billet de la loterie des lingots d'or. — à son réveil, elle se rappela le numéro de ce billet, c'était un des siens ; — elle les regardait si souvent, qu'il n'était pas surprenant qu'elle en vît un dans ses rêves ; — nonobstant, elle prit ce songe pour un avertissement d'en haut : — elle gagnerait le gros lot ; — il n'y avait pas moyen d'en douter. Elle se rappela, ou elle crut se rappeler, que son mari, de son vivant, lui avait dit une fois dans la maladie dont il était mort : **« Je regrette bien de vous laisser aussi peu de fortune. »**

— C'était son ombre qui venait lui annoncer les quatre cent mille francs du gros lot.

« Voyons, — dit-elle, — il ne s'agit pas de faire de l'enfantillage et de l'exagération : — Sophie m'aime beaucoup ; mais, si elle avait gagné le gros lot, l'aurait-elle partagé avec moi? — Je ne crains pas de dire que non. — Ça se dit comme ça, je partagerai avec vous, quand on ne croit pas avoir de chances... avec son billet... qu'elle a perdu ! — Certes, je l'aime, et je n'oublie pas qu'elle m'a soignée dans ma maladie ; mais je n'étais pas aussi malade qu'elle veut bien le dire. — Et puis, est-ce que je ne lui en ai pas témoigné ma vive reconnaissance? est-ce que je n'en parle pas sans cesse ? — D'ailleurs, elle dîne ici très-souvent ; je la mène au spectacle, elle partage tous mes plaisirs ; — et... elle a si peu de besoins, cette bonne Sophie ; elle a des goûts si simples et si modestes. Quinze cents francs de rente ajoutés à son petit revenu, elle sera riche, elle ne saura que faire de son argent. — Avec trente mille francs, nous en aurons la joie. — Quel bonheur pour moi d'augmenter ainsi son bien-être, de doubler sa fortune ! O amitié ! bienfait du ciel ! » Mais graduellement madame X*** se trouva de nouveaux besoins, — et des dépenses indispensables ; — son ameublement était vieux, il fallait bien le renouveler, et meubler cette maison qu'elle voulait acheter donc ! Et il se trouva qu'auprès de cette propriété il y aurait une petite ferme : ça arrondirait joliment. — Elle refit son compte : elle avait employé pour elle-même quatre cent dix mille francs ; — des trente mille francs de Sophie il n'était plus question, tant elle était embarrassée pour ces dix mille francs qui lui manqueraient ; — on ne pouvait pas espérer gagner deux lots. — Il faut se restreindre, s'imposer des privations ; on ne fait pas ce qu'on veut dans la vie. « Pour Sophie, si je gagne le gros lot, je lui donnerai mon vieux manchon de petit-gris, — il est un peu râpé, mais encore bon toutefois ; elle n'en a jamais eu de si beau. »

Quinze jours après, je vis madame X*** « Croiriez-vous, me dit-elle, que Sophie ne m'a pas écrit depuis trois semaines ; croyez donc à l'amitié ! — l'amitié est une illusion comme le reste, — et moi qui voulais lui donner un manchon de petit-gris ! L'ingrate ! »

XXIV

LES FEMMES ET LE DEUIL

Une des prétentions des hommes a été longtemps, en France, la beauté de la jambe. Je suppose qu'un jour les jambes grêles, torses, cagneuses, se réunirent et décidèrent qu'il était parfaitement inutile de montrer des jambes incorrectes, et d'augmenter par une comparaison humiliante le triomphe de ceux que la nature avait mieux partagés sous ce rapport. On proscrivit en conséquence les culottes courtes, les bas de soie, les boucles de jarretières et de souliers, et on imagina les pantalons. Mais, si les jambes difformes ou sans formes étaient les seules qui se cachassent dans ces étuis de drap, le but n'était pas atteint : les jambes mal faites se comptèrent, et, se trouvant en immense majorité, elles promulguèrent alors que la culotte serait désormais ridicule. Par ce moyen la majorité cacha à la fois et ses vilaines jambes et les belles jambes de la minorité.

C'est un procédé très-fréquemment employé dans la société.

Nous le retrouvons dans les pratiques et les usages adoptés pour témoigner sa douleur de la perte des personnes que l'on aime ou que l'on est censé devoir aimer.

A en juger par ces usages, on serait tenté de croire qu'il a paru nécessaire de donner à la douleur permise et convenable des limites générales et communes en deçà desquelles toute manifestation serait déclarée peu décente, et, au delà, de mauvais goût. Il a été également convenu que ceux qui accompliraient scrupuleusement certaines pratiques simples et faciles seraient considérés comme éprouvant une douleur suffisante. Il est aisé de voir combien ces règles étaient nécessaires. La veuve de Mausole perd son époux : non contente de lui faire bâtir un magnifique sépulcre, elle laisse le tombeau vide et se nourrit de la cendre de Mausole. N'est-il pas fâcheux pour les femmes contemporaines, qui regrettent et pleurent suffisamment leurs époux, de se voir ainsi effacées et humiliées par cette veuve excentrique?

Pour ne plus être exposées à de pareils désagréments, on a régularisé la douleur conjugale et mis un peu d'ordre dans les larmes.

Ainsi, une femme doit regretter son mari un an et six semaines ; — un homme ne regrette sa femme que six mois. — C'est-à-dire que la veuve, le matin du quatre cent soixante et onzième jour, et le veuf, à l'aube du cent quatre-vingt et unième jour, se réveillent gais et allègres.

Mais à quoi voit-on qu'une femme regrette son mari ? A quoi voit-on qu'un mari regrette sa femme ?

S'il fallait pleurer, se priver de tout plaisir, éviter toute distraction, on deviendrait à charge à soi et aux autres.

On a choisi ce qu'il y avait de plus convenable dans les diverses manifestations extérieures de la douleur. On a vu des gens mourir de douleur, d'autres s'arracher les cheveux, se meurtrir le visage et la poitrine, déchirer leurs habits, se rouler dans la cendre du foyer et dans la poussière des chemins.

On a commencé par imiter ces exemples donnés par les excentriques. Ainsi, dans l'Orient, et principalement chez les Juifs, on déchirait ses vêtements, mais il fallait que la déchirure eût une palme de long ; moins, c'était se montrer peu touché de la mort de ses proches ; plus, c'était de l'affectation ; mais rien n'était si facile que de se renfermer dans la règle. Dans certains cas, on pouvait recoudre la déchirure à des intervalles divers, mais fixés. De cet usage viennent ces paroles de Salomon, devenues proverbe et répétées souvent sans qu'on y attache leur véritable sens : « Il y a un temps pour déchirer et un temps pour recoudre. »

On a modifié cette manifestation tout en la conservant.

Les manchettes effilées, qu'on portait jadis en deuil, simulaient ou rappelaient des manchettes déchirées dans l'égarement de la douleur ; les cheveux que les veuves cachent sous un bandeau font supposer qu'elles les ont arrachés dans le premier moment du désespoir.

La douleur se divise en plusieurs périodes pour les femmes veuves :

1re période. — Désespoir, six semaines ; ça se reconnaît à des vêtements de laine, une coiffure et un fichu de crêpe noir et de gaze de laine. Le désespoir ne sied pas à tout le monde.

> Ma blonde amie, hélas! tu vois sur mon visage
> D'une prochaine mort le lugubre présage,
> Et tu t'es demandé déjà, la larme à l'œil,
> S'il faut mettre un volant à ta robe de deuil.
> Laisse aux brunes, crois-moi, ces douleurs si profondes
> Il leur faut ajouter aux regrets le chagrin

D'être laides trois mois sous le crêpe. — Les blondes
Se consolent plus tôt, — le noir leur va si bien !

2ᵉ période. — Douleur profonde, abattement, six semaines ; on reconnaît la douleur profonde à la robe qui continue d'être en laine noire, et l'abattement, qui a succédé au désespoir, à une coiffure en crêpe blanc.

3ᵉ période. — Chagrin adouci par les consolations des amis ; on espère rejoindre l'objet regretté dans un monde meilleur. Ces mélancoliques sentiments durent juste six mois, s'expriment par une robe de soie noire qui vient remplacer la robe de laine ; la coiffure est encore en crêpe blanc.

4ᵉ période. — La Providence cicatrise les plaies du cœur : à brebis tondue Dieu mesure le vent. Le regret n'a plus sa première vivacité que par intervalles ; quelquefois on a l'air d'oublier sa perte, mais tout à coup une circonstance, en apparence indifférente, vient vous la rappeler, et vous retombez dans votre douleur. Cependant, vous vous rappelez de temps en temps les défauts de l'objet aimé, mais pour y opposer ses précieuses qualités. Cela serait assez ennuyeux pour le monde ; aussi, on est convenu de l'exprimer simplement par un mélange de blanc et de noir dans les vêtements : cela veut dire absolument la même chose ; il ne s'agit que de s'entendre.

5ᵉ période. — Il n'y a plus qu'une douce mélancolie qui durera maintenant toute la vie, six semaines. Cette touchante et gracieuse impression se manifeste par des vêtements entièrement blancs, mais unis ; on souffre moins de la perte que de la privation actuelle d'un époux.

Un homme, au contraire, qui a perdu sa femme, ne s'afflige que six mois, mais aussi comme il s'afflige ! Il n'y a pas de variations ; son désespoir plus court est en même temps plus intense : c'est du désespoir concentré. Il n'y a pas de degrés, il reste au même point pendant les six mois. C'est facile à reconnaitre à son habillement noir, à un crêpe à son chapeau, à un gilet noir en drap, à des boutons noirs en jais à sa chemise. On a eu soin, de même que pour la veuve, de ne pas le laisser aller à l'enterrement de l'objet regretté ; il en serait mort lui-même, et on lui a prodigué les raisonnements pour le rattacher à la vie, qu'il était décidé à abandonner.

Tout le temps que l'on est en deuil, on se sert de cire noire pour cacheter ses lettres, et l'on entoure de noir ses cartes de visite.

Dans les autres cas, pendant six semaines on porte de la laine, pendant six semaines de la soie, pendant les trois derniers mois on mêle le blanc au noir. Pour les oncles, tantes, cousins, cousins germains et issus de germain : on s'afflige pendant trois semaines, pendant quinze jours en noir, étoffe à votre gré, pendant huit jours en blanc et noir.

Quand on a quelqu'un en deuil dans ses amis ou dans ses connaissances, on lui doit une visite ou au moins une lettre de condoléance. Il est d'usage de mesurer ses discours sur la probabilité de la plus grande douleur possible, celle d'Artémise, par exemple, ou toute autre douleur célèbre. Fontenelle cependant jugea prudent d'envoyer à une jeune femme de ses amies qui venait de perdre un vieux mari une lettre de condoléance en blanc, se réservant de la remplir trois mois après. Quand il fut requis de le faire, il commença : « Madame, je vous félicite... » C'est tout à fait contraire à l'usage.

Qu'une veuve perde un mari vieux, avare et méchant, qu'elle hérite d'une grande fortune et de sa liberté, vous n'en devez pas moins l'engager à ne pas se livrer au désespoir et à mettre des bornes à sa douleur, en ayant l'air de croire que c'est la loi et l'usage seulement qui l'empêchent de se brûler sur un bûcher.

MADAME DE GENLIS. « Je ne sais pourquoi on a modifié et diminué successivement certaines manifestations convenues dans les deuils. Le deuil est l'image d'une douleur légitime et respectable. Les longs deuils ont toujours été l'une des preuves de la bonté de mœurs publiques.

« Jadis les veuves, tant qu'elles ne se remariaien pas, portaient à la cour un petit voile noir dans les jours de cérémonie, usage qui a subsisté jusqu'à la Révolution, ainsi que celui de tendre en gris la chambre à coucher des veuves durant toute l'année de veuvage. »

Michel Montaigne. « Les dames argiennes et romaines portoient le deuil blanc, comme les nostres avoient accoustumé et debvroient continuer de faire, si i'en estoys creu. Les femmes de nostre temps réservent à estaler la véhémence de leur affection envers leurs marys perdus, tardif témoignage. Elles ont beau s'escheveler et s'esgratigner, ie me souviens de ce mot de Tacite : « Celles qui sont moins affligées « pleurent avec plus d'ostentation. *Jactantius mœrent* « *quæ minus dolent.* » Ne regardez pas à ces yeuls moites et à cette piteuse voix, mais à ce tinct et à l'embompoinct de ces ioues souls ces grands voiles ; c'est par là que la douleur parle françois. »

Quelle que soit la douleur de certains héritiers, il en est une plus grande encore : c'est celle qu'ils ressentiraient si celui qu'ils pleurent revenait à la vie. — C'est une des choses qu'il faut faire semblant de ne pas savoir. Pour ceux qui regrettent réellement les parents qu'ils ont aimés, ils feront bien de ne pas gêner le monde par l'aspect d'une douleur réelle ; ils feront bien de porter leur deuil en dedans comme pour les amis, ces parents choisis par le cœur. Également, si vous connaissez de ces gens-là, par hasard, ne leur adressez pas de consolations banales, car il y a une partie d'eux-mêmes qu'ils ont enterrée avec leurs chers morts. Leur seule consolation est l'espoir de ne jamais se consoler, c'est-à-dire de ne jamais oublier, de ne pas voir mourir dans leur cœur ceux qu'ils ont vus déjà mourir dans leur vie. Montrez à ces affligés qu'ils n'ont pas tout perdu, et que vous les aimez.

Mais cela n'a pas de rapport avec la civilité.

Les Chinois portent encore le deuil en blanc. J'ai lu que les Turcs le portent en bleu, les Égyptiens en jaune, les Péruviens en gris. Les rois de France portaient le deuil en violet. C'est la tristesse de la pourpre. On ne porte pas le deuil du pape, puisqu'il ne quitte la terre que pour aller au ciel. Ceux qui aimaient le pape défunt doivent se réjouir, et penser qu'il ne perd pas la vie, mais qu'il gagne la mort : *non vita erepta, sed mors data.*

Les princes portent le deuil les uns des autres, comme étant une espèce différente des peuples.

A la mort de Cromwell, la cour de France prit le

deuil. Mademoiselle de Montpensier seule refusa de le prendre. Il y a quinze ans, à la mort de je ne sais quel prince étranger, un grand nombre de bourgeoises parvenues s'avisèrent de porter le deuil que prit la cour. Quelqu'un, que je ne nommerai pas, s'avisa de remarquer que la mort d'un célèbre danseur de corde avait eu lieu au même moment, et il répandit le bruit que c'était sans aucun doute du danseur de corde que portaient le deuil ces bourgeoises, qui n'étaient autorisées par aucun usage à porter celui du prince défunt. Cette plaisanterie arrêta l'élan. Mais on voit le ridicule se reproduire de temps en temps. Au moment où vous y pensez le moins, vous voyez en deuil une femme de votre connaissance. Vous n'osez d'abord lui demander qui elle a perdu : est-ce son père, ou son oncle? Enfin, après tous les ménagements possibles, vous risquez votre question d'une figure dolente et d'un ton de circonstance, et vous apprenez qu'elle a perdu quelque prince portugais ou un archiduc allemand. Le deuil de cour ne doit se porter que par ceux qui ont une charge à la cour, ou par ceux qui y sont domestiques. C'est toujours un peu faire acte de domesticité que de porter un deuil qui n'est pas le signe d'un chagrin qu'on est au moins censé éprouver soi-même; il n'y a donc pas de quoi être fier, et, surtout, c'est une étrange vanité que de le porter sans y être forcé ni même autorisé par l'usage.

Les modes et les façons d'exprimer les mêmes sentiments changent sur ce sujet comme sur les autres. Les dames romaines portèrent le deuil pendant trente jours après la bataille de Cannes ; les dames parisiennes, après l'invasion, en 1815, ne purent se consoler qu'en dansant et en valsant aux bals que donnèrent les Russes et les Anglais.

Il s'est fait depuis quelques années une révolution dans les lettres de faire part que les parents d'un mort envoient à leurs amis et à leurs connaissances, pour leur annoncer « la perte douloureuse qu'ils viennent de faire. » Autrefois, on disait : « Nous avons l'honneur de vous annoncer la mort de *** ; » puis, au bas de la lettre, en caractères beaucoup moins apparents, on ajoutait : « De la part de M.***, de M.*** et de M.***, etc. »

On donnait, comme il est décent de le faire, la place d'honneur au mort, et, comme il est naturel et raisonnable, c'était son nom qui le premier et seul d'abord frappait les regards.

Mais on a imaginé de remplir d'abord la page des noms des parents, après quoi on ajoute : « Ont l'honneur de vous faire part de la mort de M.***, » de sorte qu'il faut éplucher trente noms pour trouver celui du mort, et qu'il n'est pas rare qu'en lisant la lettre avec quelque négligence on se trompe et on se mette à regretter un gaillard que l'on rencontre le lendemain dans la rue. Ce changement, contraire à la décence et à la raison, n'a pas d'autre fondement que l'usage qui passe également d'écrire sur une lettre le numéro avant la rue : un caprice sans motif.

Il est pareillement assez difficile de démêler dans la liste à qui appartiennent les titres de parenté présentés pêle-mêle : « Ses père, mère, frères, oncles, cousins, petits-cousins, beaux-frères, etc. » Pour qu'une lettre de faire part fût rédigée d'une manière à la fois convenable et raisonnable, il faudrait d'abord revenir à l'ancien usage de mettre le premier et en évidence le nom du mort, ensuite faire suivre chaque nom de parent du titre qui lui vient du défunt :

« De la part de M***, son fils, de M***, son cousin, etc. »

On a appelé longtemps en France reines blanches les veuves de nos rois, à cause de la couleur de leurs vêtements de deuil.

Les Pères de Trévoux disent (1743) que le petit deuil se porte avec des rubans blancs, bleus et noirs.

Les veuves portaient autrefois à Paris et portent encore dans beaucoup de villes de province un grand voile noir qui, posé sur la tête, les enveloppe entièrement.

Certaines veuves, dans les éclats de leur douleur pour la perte d'un mari, cherchent déjà à s'en assurer un second par cet échantillon de leur tendresse posthume.

On reprochait à une femme qui venait de perdre son mari après une union longue et heureuse de ne faire aucun étalage de son chagrin, et de ne manifester que négligemment au dehors le deuil qui lui remplissait le cœur.

— C'est, répondit-elle, que je ne songe pas à me remarier jamais.

VAUVENARGUES. « Nos consolations sont une flatterie envers les affligés. »

Comme les gens affligés par devoir ont beaucoup de peine à jouer ce rôle aussi longtemps qu'il est nécessaire ou convenu, il est d'une exquise politesse de leur fournir par la forme de nos consolations des raisons de ne pas le jouer trop longtemps

XXV

COMME QUOI IL FAUT CÉDER AUX FEMMES. — LA MODE. —
LES CANTIQUES. — LES FEMMES ET LA GUERRE.

J'ai pris un parti : — céder aux femmes tout de suite ;
— comme il faut finir par là, j'économise les frais de
la guerre. — Un homme avait épousé une jeune femme;
il était riche, bien portant, on pouvait le croire heureux ; mais, tel que ce Sybarite qui se plaignait d'être
blessé par une feuille de rose pliée en deux, la moindre contrariété agissait sur lui avec une incroyable
puissance. Un matin, au déjeuner, il remarqua qu'on
lui servait des œufs sur le plat, et qu'on lui en avait
déjà servi la veille. Le jour d'après, voyant des œufs
sur le plat paraître à table, il dit à sa femme : « Ah
çà ! on ne mange donc que des œufs sur le plat ici ? »
Ce qui n'empêcha pas qu'on lui en servît encore au

déjeuner suivant. — Il fit un juron que je ne répéterai pas ici, et que chaque lecteur peut remplacer par son juron favori.—Puis il dit : «Ma chère enfant, je ne veux plus manger d'œufs sur le plat ; obligez-moi de donner des ordres à la cuisine ; car, la première fois que j'en verrai, je prendrai ma canne et mon chapeau, et j'irai déjeuner au café de Paris.»

Le lendemain, il descendit pour déjeuner ; mais il était de mauvaise humeur : son journal n'était pas arrivé assez tôt pour qu'il pût le lire dans son lit selon sa coutume. — Il se mit à table en le lisant, déplia sa serviette, la mit sur ses genoux sans lever les yeux ; sa femme le servit. — Le domestique plaça une assiette devant lui. — Il mit, lisant toujours, sa fourchette dans l'assiette, essaya de piquer quelque chose, et, n'y réussissant pas, il regarda, et vit devant lui,— sur son assiette, — des œufs sur le plat. — Furieux, il se leva, jeta sa serviette, prit son chapeau sans vouloir écouter sa femme, et alla du côté du café de Paris

Chemin faisant, il se fit à lui-même une nomenclature de tous les défauts de sa moitié. Arrivé, il s'assit à une table, prit un journal, et le parcourut négligemment. —Un garçon vint à lui, et lui dit :

— Que faut-il servir à monsieur ?

— A déjeuner.

On place un couvert devant lui : puis le garçon

revient, et dit : « Que commanderai-je pour le déjeuner de monsieur? » — Notre homme lisait dans un journal qui lui était tombé sous la main un article malveillant sur un livre d'un de ses amis ; cette lecture l'attachait. — Il ne répondit qu'à une seconde question :

— Ce que vous voudrez.

— Monsieur veut-il des filets de chevreuil?

— Non.

— Un poulet froid ?

— Je n'aime pas la volaille.

— Un fricandeau ?

— Pouah ! du veau !

— Un bifteck ?

— Non, je n'ai pas assez faim pour cela.

— Alors, je ne sais plus quoi offrir à monsieur.

— Comment ? il n'y a pas à déjeuner ici?

— Au contraire, c'est monsieur qui ne trouve rien à son goût.

— Eh ! mon Dieu ! je ne suis pas difficile ; mais tout va mal pour moi aujourd'hui : — vous verrez que je vais finir par ne pas déjeuner.

Il prend la carte, la parcourt ; il est tombé sur les entremets sucrés ; il s'en aperçoit, ferme la carte avec colère, la jette sur une table voisine.

— Mon Dieu ! c'est donc bien difficile de trouver à déjeuner ! Donnez-moi la première chose venue, — des œufs sur le plat.

Quelques efforts que fassent bien des gens pour ramener certaines époques,—celles où ils étaient riches et puissants, — les temps sont bien changés. La tabatière enrichie de diamants, toute vulgaire qu'elle était, était déjà tombée en désuétude sur la fin du règne de Louis-Philippe ; elle avait été remplacée par les porte-crayons d'or, contrôlés par la Monnaie, et en dernier lieu par la croix d'honneur. — Les rois sont partis, aussi bien ceux qui prêtaient à la poésie que ceux qui donnaient aux poëtes. — Les projets néanmoins vont leur train. — J'ai lu dans un journal de modes qu'on veut essayer de ramener cet hiver les modes de l'Empire et du Directoire. — A cette nouvelle, il y a de jeunes femmes qui s'inquiètent de bonne foi. « Mais ce sera affreux, disent-elles. — Quoi ! faudra-t-il porter des tailles courtes ? disent les unes ; — faudra-t-il porter des cothurnes et des robes transparentes ? disent les autres. — Ce serait bien malheureux ; — ce serait indécent ; bien plus, cela m'irait mal.

— Mais qui vous y forcera ?

— La mode, si elle prend.

— A quoi reconnaîtrez-vous que la mode prend des robes diaphanes et des tailles courtes ? — et qui vous forcera, en tous cas, de la suivre ?

— Ça vous est facile à dire, à vous autres hommes ; si *on* porte des tailles courtes et des robes de tulle, il faudra bien que j'en porte.

— Mais qu'entendez-vous par *on*?

— C'est bien simple : tout le monde.

— Mais ne faites-vous pas partie de tout le monde ?

— C'est vrai, mais *on* ne me consulte pas.

— Odieux *on !* terrible tyran que ce *on !* J'ai envie de lui réciter ici toutes les invectives que l'on adresse au tyran dans les tragédies, invectives auxquelles le tyran ne répond que pour fournir une rime difficile, ou une syllabe qui manquerait à l'hexamètre. Alors tout le monde, excepté vous, s'accorde pour décider que vous porterez des tailles courtes. — Je voudrais bien savoir où se réunit cette redoutable assemblée de tout le monde moins vous.

— Vous faites semblant de ne pas comprendre ; la plupart des femmes sont comme moi, elles obéissent

15

aux décrets de la mode, elles portent ce qu'*on* porte.

— Alors *on* n'est déjà plus tout le monde ; — c'est même, de votre aveu, une minorité. — Où voyez-vous *on*? — Comment faites-vous pour savoir ce qu'*on* porte ? — Où se promulguent les décrets de *on* ?

— Nous voyons les autres femmes.

— Mais qui vous assure que les autres femmes que vous voyez font partie de ce redoutable *on*? Comment savez-vous si elles ne sont pas, au contraire, au nombre de celles qui, comme vous, obéissent sans examen aux lois arbitraires de *on* ?

Pourquoi ne seriez-vous pas vous-même *on*? Pourquoi n'imposez-vous pas des lois au lieu de les recevoir? — *On*, croyez-moi, n'est pas un législateur, c'est un tyran envieux. — Voyez ses principales ordonnances : elles ont pour but à la fois de cacher les difformités des unes et les beautés des autres. — Croyez-vous que les robes trop longues que *on* vous a fait porter pendant plusieurs années, et qui ne sont pas encore abandonnées, n'avaient pas pour but de cacher vos jolis pieds étroits et cambrés, en même temps que les gros vilains pieds plats de madame trois étoiles?—*On*, c'est un conseil secret de vieilles et de laides ; chacune de leurs décisions est un arrêt en faveur de quelque laideur et contre quelque beauté. — *On* a de vilains pieds et vous en avez de charmants. —

On promulgue un décret ainsi conçu : « A l'avenir, on cachera les pieds. »

On est un peu bossue, vous avez une taille souple et svelte, — nouveau décret : « *On* adoptera des espèces de paletots au moyen desquels toutes les femmes cacheront leur dos et leur taille. »

Certes, je ne suis pas dans l'habitude de prêcher la désobéissance aux lois, — j'ai souvent déploré la cause la plus réelle des malheurs de la France, c'est le peu de respect qu'on professe pour les lois depuis ceux qui y trouvent leurs garanties ; — mais *on* est un *usurpateur*, *on* n'est pas un gouvernement légal, *on* est un despote envieux, cruel, implacable.

Les ordres bizarres ou injustes de *on* ne sont pas de lois. — Il y a une loi et un devoir qui, pour les femmes, doivent passer avant les ordres qu'*on* leur donne avec tant d'insolence : — la nature vous a ordonné d'être belles, vous devez être aussi belles que vous le pouvez. Il y a dans Brantôme un fort bon raisonnement à ce sujet, et à propos de Marguerite, qui fut reine de France et de Navarre : — « Lorsque sa mère, dit-il, la mena au roy de Navarre, son mary, et passant à Coignac, où elle mist ses belles robes, elle dict à sa mère : « Je commence à porter et user mes « robes, et les façons que j'emporte avec moy de la « cour, car, quand j'y retourneray, je ne les y em-

« porteray point, mais j'y entreray avec des cizeaux et
« des estoffes seulement, pour me faire habiller selon
« la mode qui courra. »

« La reyne, sa mère, lui respondit : « Pourquoi
« dites-vous cela, ma mie? car c'est vous qui debvez
« inventer les belles façons de s'habiller, — la cour
« les prendra de vous et non vous de la cour. »

« Comme de vray, ajoute le sire Brantôme, car elle
inventa tant de superbes façons, coëffures gentilles,
ornements et gorgiosités, que toutes les dames de la
cour de France s'y sont mirées, et que, du depuis,
paressant à la mode, elles sentoient mieux leurs grandes dames. »

Il n'y a que les gens qui aiment ou qui ont aimé qui
comprennent les saintes délicatesses de la chasteté.
Les religieux, les prêtres, n'y entendent rien et ont la
pudeur grossière et indécente. Pendant la semaine qui
vient de s'écouler, on a fait faire aux enfants catholiques leur première communion. J'ai cru être en proie
à une hallucination quand j'ai entendu ce qu'on fait

réciter et chanter dans les églises à des petites filles de onze à douze ans.

Une petite fille se lève, et, d'une voix aiguë, psalmodie ce qui suit :

ACTE DE DÉSIR.

O venez, le bien-aimé de mon cœur, chair adorable, ma joie, mes délices, mon amour, mon Dieu. mon tout !

Mon âme impatiente languit sans vous, soupire après vous, vous souhaite avec ardeur, mon trésor, mon bonheur, ma vie, mon tout !

Une autre petite fille :

ACTE D'AMOUR.

J'ai donc enfin le bonheur de vous posséder ! Embrasez-moi, brûlez, consumez mon cœur de votre amour. Mon bien-aimé est à moi ! Jésus se donne à moi. Je vous aime de toute mon âme, je vous aime pour l'amour de vous.

Après ces actes, commencent les cantiques, extraits, comme les actes, d'un livre approuvé par l'archevêché de Rouen et imposé aux enfants des deux sexes par les curés du diocèse.

La plupart de ces cantiques se chantent sur des airs très-mondains ; le timbre qui indique ces airs admet que les enfants savent les chansons, — le plus souvent peu édifiantes, — pour lesquelles ils ont été faits.

Ainsi il y a cinq couplets sur l'air *Je suis Lindor*, où l'on traite de la circoncision avec des détails chirurgicaux un peu trop précis et instructifs pour des petites filles.

> Tu nais à peine, et de ton sang *propice*
> Tu veux déjà sceller tes jours naissants !
> . . . .
> Tu viens. . . . .
>
> Te présenter au glaive du grand prêtre.
> . . . .
> Mon repentir. . . . .
> Mêle ses pleurs à ton sang adorable !

Autre cantique sur la dévotion du sacré cœur de Jésus :

Air : *Un inconnu pour vos charmes soupire.*

> Cœur adorable !
> Bonheur des cieux !

LES FEMMES.

C'est lui ; je sens, je reconnais ses feux!
Cédons, mon cœur, à ton empire aimable.
. . . . Combien, à ta présence,
Naissent en moi de mouvements secrets!
. . . .
Il m'est offert, ce baiser si divin!
Ne puis-je. . . reposer sur ton sein,
De mon amour t'y parler sans contrainte!

Autre cantique sur l'Église militante :

> Vous, épouses fidèles,
> Du plus fidèle époux,
> Pour des ardeurs si belles,
> Quels plaisirs goûtez-vous ?

Autre cantique :

> Air : *Dans un verger, Colinette...*
>
> J'ai perdu mon innocence,
> Ah! quelle perte! ah! quel malheur!
> Innocence inestimable,
> Que je te connaissais peu !
> Quand, d'un bien si désirable,
> La perte m'était un jeu !

Un autre cantique, sur un *air nouveau*, a pour refrain :

> Échos, dites-lui que je l'aime.

Autre cantique :

> Qu'il est doux de vivre en t'aimant!
> Qu'il est doux de mourir de même !
> Jésus, pour ta beauté suprême,
> D'ardeur que j'expire à l'instant !

Autre cantique :

> AIR : *Te bien aimer, ô ma chère Zélie!*
>
> Un Dieu puissant irrite mes désirs :
> Il me consume, et je sens que je l'aime,
> Et cependant je m'exhale en soupirs!

Autre cantique :

> Cédons, mon âme, à Jésus qui me presse.
> En ce moment, il vient combler mes vœux;
> Il me reçoit, m'embrasse et me caresse,
> S'unit à moi par d'ineffables nœuds.
> Douce union, mélange incomparable.
>
> . . . .
> Déjà mon cœur, plein d'un amour extrême,
> Boit à longs traits les célestes douceurs;
> Et, reposant dans le sein de Dieu même,
> Je goûte en paix les plus rares faveurs.

Autre cantique :

Air : *Un inconnu pour vos charmes soupire.*

Mon bien-aimé ne paraît pas encore,
Trop longue nuit, dureras-tu toujours ?
    Nuit, que j'abhorre,
    Hâte ton cours.
Rends-moi Jésus, ma joie et mes amours !
Pour être heureuse, je n'attends que l'aurore.

De ton flambeau déjà les étincelles,
Astre du jour, raniment mes désirs,
    Tu renouvelles
    Tous mes soupirs.
Servez mes vœux, avancez mes plaisirs.
. . . .

Autre cantique :

Air : *O Fontenay ! qu'embellissent les roses.*

. . . . Mon trésor et ma vie,
Époux divin dont mon cœur a fait choix,
Venez bientôt couronner mon envie...
Il est à moi ! . . . .
Je suis à lui pour la première fois !...
. . . .

Je m'arrête. — Otez le nom de Dieu et celui de Jésus, et remplacez-les par les noms d'Arthur et d'Ernest, et dites-moi si, — à part le style, — on ne croit pas lire **du Parny faible ou du Piron médiocre.**

Les Gaulois avaient réservé aux femmes un beau rôle dans la guerre : à elles appartenait d'enflammer le courage des hommes, de récompenser la valeur, le dévouement à la patrie et même le malheur. De tout temps en France les femmes ont gardé ce double rôle, noble et touchant, de tresser les couronnes et de faire la charpie.

Mais, quand il s'agit de la guerre impie, quand il s'agit de la guerre civile, de la guerre des frères, le rôle des femmes doit changer : celui qui leur convient alors c'est le rôle des Sabines se jetant, belles et hardies, entre les Romains et les Sabins pour empêcher le meurtre de leurs pères par leurs époux, et faire rentrer les glaives sacrilèges dans le fourreau.

C'est ce que ne paraissent pas comprendre beaucoup de femmes aujourd'hui, qui se mêlent plus qu'il n'est nécessaire aux tracasseries et aux commérages de la politique quotidienne, qui se plaisent à agiter les esprits, à aiguiser les armes, et à les empoisonner au lieu de panser et d'endormir les blessures. Si les femmes ont reçu de la nature la douce et belle mission de récompenser le courage, quand il s'agit d'une guerre contre l'étranger, d'une guerre qui intéresse l'honneur des hommes, la gloire et la prospérité du pays, ce n'est pas la seule fonction qui leur appartienne, et surtout quand il s'agit de discussions entre enfants de la même patrie, leur devoir est d'adoucir la férocité naturelle des hommes, et non d'exaspérer des passions déjà assez âcres d'elles-mêmes. Je n'ai pas la prétention de convaincre les femmes ; on ne les convainc pas, on les persuade quand on peut. Naturellement, elles sont mieux douées que nous ; elles savent en naissant plus que nous ne réussissons souvent à en apprendre pendant toute notre vie ; elles n'ont qu'à se laisser aller à leurs instincts, qui sont sûrs et généreux. Les femmes ne se trompent jamais que quand elles réfléchissent. Je veux seulement leur faire part d'une observation qui me frappe depuis quelque temps, c'est à propos de l'altération que donnent aux traits et au teint les préoccupations politiques, et qui m'oblige à dire, pour ne pas leur cacher une vérité importante, qu'une femme qui se jette dans les querelles politiques n'en a pas pour un an de sa beauté.

XXVI

LA FAUSSE MORALE

La fermeture des maisons de jeu, — où n'allaient que les vrais joueurs, les joueurs déterminés, les joueurs acharnés, — et où on jouait dans des conditions et avec des chances convenues et immuables, où la police exerçait une surveillance perpétuelle et infaillible, — cette fermeture a amené l'ouverture de deux cents tripots, cavernes béantes, appelées salons, où viennent des gens qui ne seraient pas entrés dans « une maison de jeu, » où les chances du jeu sont remplacées par l'adresse et la filouterie, — et où la police n'exerce aucune surveillance, car elle n'y peut paraître que pour les fermer, c'est-à-dire pour les envoyer s'ouvrir ailleurs.

Il en est de même de la prostitution. — Autrefois, les malheureuses qui s'y livrent se promenaient le soir au Palais-Royal, dans des costumes bizarres et extravagants. — La morale moderne a obtenu à ce sujet plusieurs résultats. — Elle a chassé les filles publiques du Palais-Royal, elle leur a imposé un costume décent et semblable à celui des *femmes honnêtes*.

Or, — autrefois, ceux-là seuls rencontraient les filles publiques qui les allaient chercher ; — aujourd'hui, on les rencontre partout.

Il fallait être bien décidé pour aborder une femme dont le costume annonçait à tous les yeux la profession. — Il n'en est pas de même aujourd'hui. — De plus, beaucoup de femmes, qui ne se seraient jamais décidées à s'habiller en filles publiques, n'hésitent pas à exercer cette triste profession depuis que rien ne l'indique extérieurement. De cette morale est née la lorette, — qui a étendu la prostitution comme une tache d'huile. — Je ne puis dire ici les inconvénients qui en résultent.

Toujours dans le même ordre d'idées, la philanthropie et la morale féroce des modernes ont imaginé d'abolir les tours, — cette invention qui permettait à une fille trompée, séduite, abandonnée, de cacher à la fois les fautes d'un autre, dont la société fait retomber le déshonneur sur elle seule, et de laisser la vie à la pauvre petite créature abandonnée comme elle.

On ferme les tours de toutes parts, ou du moins on exige que la mère se fasse connaître, — *pour ne pas encourager la débauche*, dit-on. — Est-ce que ce sont les gouttières qui amènent la pluie ? — On dépose aujourd'hui, —je l'ai déjà dit, — beaucoup moins d'enfants dans les *tours*; mais, en revanche, on en dépose beaucoup plus dans les latrines et dans les étables à porcs. — Le nombre des infanticides croît de jour en jour.

On parle de décanoniser saint Vincent de Paul ; lui aussi est accusé d'outrage aux mœurs, — et il va être prochainement chassé du ciel pour avoir le premier ramassé les pauvres enfants abandonnés, et avoir inventé les tours.

XXVII

UNE LOCUTION PROVERBIALE. — LES CONTES DE FÉES

J'entends souvent dire : « C'est une querelle d'Allemand. — « Je ne sais vraiment pas sur quoi est fondé ce dicton. — Je suis né Allemand, je connais beaucoup d'Allemands, et je ne vois pas en quoi cette aptitude à chercher querelle sur des motifs futiles peut leur être attribuée de préférence aux autres peuples. — Je crois qu'il s'agit simplement d'une corruption de mot, comme il s'en fait facilement dans les dictons devenus populaires, qui, à force de passer de bouche en bouche, ne manquent jamais de subir des altérations. Certes, je ne veux pas, à l'exemple de Ménage, prétendre que *tirelarigot* vient de *fistula*, et *laquais* de *verna* : je ne suis pas pour les étymologies aussi laborieuses ; mais je pense que dans l'origine, à propos des querelles sans motifs réels, venant de susceptibilité, on n'a pas dû dire une querelle d'Allemand, mais bien une querelle d'amant.

———

J'entrai l'autre jour chez une jeune femme, que je trouvai mélancolique. — Je suis triste, dit-elle; j'ai lu hier des contes de fées; j'ai rêvé toute la nuit de fées marraines qui vous comblent de dons précieux, — du chapeau de roses du prince Lutin, qui rend invisible, — de l'anneau du prince Loulou, qui le fait paraître si charmant, qu'aucune femme ne lui résiste, — et, en me réveillant, j'ai été toute découragée de me retrouver dans la vie réelle.

— C'est que vous ne regardez pas bien, lui dis-je; ces prodiges se renouvellent tous les jours. — Vous n'avez qu'à dire tantôt aux gens qui vous feront visite que vous êtes filleule, ou nièce, ou cousine d'un homme en place, et vous verrez que de beauté et d'esprit cela ajoutera au joli lot que vous en avez déjà ; — vous verrez que de complaisances et d'adulations on aura pour vous. — Il n'y a même pas besoin, comme dans les contes de fées, que vous soyez réellement la filleule, il suffit de le dire.

Je sais un homme — qui est né grossier, butor, laid, mal bâti et bête autant qu'on peut l'être ; — eh bien ! lorsqu'il met à son doigt un anneau sur lequel est un gros caillou appelé diamant, — il devient spirituel, bien élevé, joli et de très-bonne compagnie, — du moins tout le monde le voit ainsi.

Quand je veux me rendre invisible, — j'ai un certain vieux chapeau, rougi et chauve, que je mets sur ma tête comme le prince Lutin fait de son chapeau de roses ; — j'y joins un certain paletot râpé ; — eh bien ! je deviens invisible, personne ne me voit, ne me reconnaît, ne me salue dans la rue.

XXVIII

A PROPOS D'UNE VIEILLE FEMME QUI FAISAIT DE LA CHARPIE.

J'ai habité longtemps, rue de la Tour-d'Auvergne, un logis donnant sur un jardin. — Mon jardin était séparé d'un jardin voisin par une haie de cerisiers, de lilas et de faux ébéniers, au travers de laquelle j'apercevais parfois un homme grand et maigre, à la figure accentuée. Je fus très-longtemps à savoir que mon voisin, dans ce grand silence que nous paraissions aimer également, s'occupait de guerre et de batailles. Je voyais bien entrer souvent des soldats dans la cour; mais, comme il en venait également pour moi, qui m'aidaient à arroser mon jardin, je supposais aux visiteurs du voisin des intentions aussi pacifiques.

Ledit voisin était le colonel Langlois peintre très-distingué, qui était en train de faire ce panorama de la bataille d'Eylau, que tout Paris a admiré aux Champs-Élysées pendant plusieurs années.

La vanité humaine est si soigneuse et laisse traîner si peu d'occasions, que j'ai depuis toujours été un peu fier de ce qui s'était fait de l'autre côté de ma haie, — que je triomphe quand M. Langlois obtient un nouveau succès; — qu'enfin, quand on parle de la bataille d'Eylau, j'arrive à confondre le tableau et la réalité, — que j'ai besoin de me rappeler à moi-même que je suis complétement étranger à cette grande chose militaire, et que je ne pourrai faire croire à personne que j'aie contribué aux événements de la journée.

On pense bien aussi que je suis allé voir le nouveau tableau — la bataille des Pyramides.

Le paysage est encore plus beau que celui de la bataille d'Eylau. Toute la partie surtout qui représente le cours du Nil produit une admirable et complète illusion.

En général, le mouvement n'est pas favorable aux effets du diorama. — Le panorama est un diorama circulaire, qui place hardiment le spectateur au milieu du tableau, au lieu de le mettre devant.

Les montagnes, les arbres, l'eau, le soleil, l'espace, sont reproduits dans les dioramas, par les peintres de talent j'entends, avec une perfection qui trompe complétement. On sait bien qu'on est le jouet d'une illusion d'optique ; on sait bien que ce qu'on voit est une toile collée sur un mur et perpendiculaire comme lui, à quelques toises de vos yeux.

Eh bien ! on finit par croire que la tromperie consiste à vous faire croire cela. — On s'imagine que cet horizon est réel, que ce palmier est à huit lieues, et que l'horizon à trente pieds dont on vous parle est un bruit que le peintre fait courir pour se faire valoir ; — que le tableau n'est pas une toile, mais une fenêtre ouverte sur les plaines de l'Égypte.

Si M. Langlois, qui sait mieux que moi, mille fois, ce qui convient et ne convient pas au diorama, s'impose à lui-même des diffiultés à peu près insurmontables, — c'est qu'il a, à part lui, de bonnes raisons.—Notons que les personnages ne sont imparfaits que relativement, c'est-à-dire parce que le paysage est trop parfait, parce que le paysage est la nature même, parce que, si vous plantez une vraie rose dans le plus beau tableau de fleurs vous éteindrez le tableau.

Les bonnes raisons que je suppose à M. Langlois, — c'est qu'il ne fait pas ces grands ouvrages, — c'est qu'il n'écrit pas avec son pinceau ces poëmes, ces épopées sur la toile, — seulement pour les paysagistes et pour ceux qui, comme moi, après avoir tout regardé, ont découvert qu'il n'y a de beau au monde que le soleil, les étoiles, la mer, les prairies et les forêts, c'est-à-dire la nature; — que l'homme est un insecte fâcheux, une vermine malfaisante qui y grouille désagréablement, en s'efforçant de gâter, de bousculer, d'enlaidir sa demeure, dans les proportions heureusement restreintes et circonscrites de ses faibles forces.

A un certain point de vue, les grandes batailles gagnées passent pour des titres de gloire pour les peuples; — ceux qui y ont eu peur, et ceux qui n'y ont pas assisté, en sont à peu près aussi fiers que les autres. — Cet aspect entretient l'esprit militaire chez une nation, cette espèce de patriotisme qui consiste bien plus dans la haine de l'étranger que dans l'amour des compatriotes; cette convention qui permet de satisfaire honnêtement les instincts féroces et sauvages que l'homme ne fait que dissimuler, de se livrer de temps en temps à l'amour du carnage, qui s'appelle brigandage, crime punissable et horrible, quand ceux que vous tuez ont comme vous des pantalons rouges, mais qui est une chose honorable, glorieuse et admirée de tous, si vous ne sabrez, broyez, mutilez que des hommes à pantalons bleus ou blancs.

Il ne faut pas espérer que les peuples arrivent jamais à perdre le respect et l'amour qu'ils ressentent pour ceux qui leur font du mal, — sentiment profond, indestructible, dont l'observation m'a amené à rajuster un vieux proverbe, et à dire : « Aime bien qui est bien châtié. »

Il ne faut pas croire que jamais les peuples mettront dans leur reconnaissance ceux qui les nourrissent à côté de ceux qui les tuent : — Parmentier au niveau d'Alexandre, —tout autre bienfaiteur studieux, sur la ligne de tout autre guerrier sanglant.

Combien y a-t-il de gens qui comprennent réellement ce qu'il y a d'horrible dans ces scènes de carnage inutile, où les hommes se montrent mille fois plus cruels et plus sauvages et plus bêtes que les bêtes féroces, surtout en cela qu'ils prennent pour un progrès, qu'ils n'ont pas comme elles l'excuse de la faim, et qu'ils ne mangent pas leurs ennemis ?

Dans ces choses appelées guerres, on a toujours moins à se plaindre de ceux qu'on tue, que de celui pour lequel on se fait tuer.

Combien y a-t-il de gens qui sentent, — profondément, naïvement dans leur cœur, — combien la vieille femme qui fait de la charpie dans un coin est au-dessus du conquérant qui *engraisse les guérets*,—expression consacrée, — du sang des hommes,—et dont la gloire consiste, par exemple, à faire s'entre-tuer quarante mille hommes, — certain d'exciter l'admiration des contemporains et des siècles à venir, et de laisser un nom resplendissant et profitable à ses descendants, si, après la boucherie, en comptant les cadavres noyés dans le sang, et en en faisant deux tas, — le tas des hommes nés au delà de tel ou tel fleuve est un peu plus gros que le tas des hommes nés en deçà ; — si, par exemple, ayant fait massacrer dix-neuf mille de ses compatriotes, il a fait massacrer en même temps vingt et un mille des autres ; si, en remettant ces pions mutilés dans la terre, comme les pions des échecs dans leur boîte, — il reste sur l'échiquier sanglant encore quelques pions noirs quand il n'y reste plus de pions blancs ?

Il faut supposer que la guerre a été imaginée par la Providence, comme la gloutonnerie des poissons : — une carpe pond trois cent soixante mille œufs ! — Il y aurait trop d'hommes, comme il y aurait trop de carpes, si on laissait éclore les trois cent soixante mille œufs d'une carpe, si l'homme ne trouvait pas la guerre une chose honnête et même glorieuse.

Donc, au point de vue ordinaire et patriotique, dans l'acception usitée du mot, la bataille des Pyramides est une des grandes pages de l'histoire de France, — et le tableau de M. Langlois est une très-belle et très-complète illusion.

XXIX

UNE SCIENCE PERMISE

N'aurez-vous donc jamais, mesdames, aucune pitié de ces pauvres fleurs, le tribut le plus ordinaire que l'on apporte à vos pieds? Ne songez-vous jamais qu'on les sépare de leur tige, et qu'on se hâte de vous les livrer pour que vous les voyiez mourir, — pour que vous respiriez leur dernier soupir parfumé?

Celles que je plains le plus ne sont pas encore celles qu'on vous donne en bouquet : celles-là reçoivent du sécateur une mort assez rapide ; mais que dirai-je de ces pauvres malheureuses qu'on vous offre en pots ou en caisses, avec un peu de terre aux pieds, et dont l'agonie est si longue et si douloureuse? — Avez-vous donc quelque cruel plaisir à les voir souffrir ainsi? —

Les poëtes dont les vers s'enroulent autour des mirlitons ou se plient en quatre dans les diablotins, à force de vous dire qu'elles sont vos rivales, vous ont-ils inspiré contre elles de mauvais sentiments?

Elles, vos rivales! elles qui ne font qu'ajouter à votre beauté, — elles qui, en foule, viennent mourir chaque jour dans vos cheveux et sur votre sein, ou, mort plus cruelle! oubliées sur le marbre d'une console, ou sur le velours d'une banquette, — au bal ou au théâtre!

Non, il est impossible que vous n'aimiez pas les fleurs, impossible que vous n'ayez pas quelquefois le désir de soulager celles qui jaunissent, se fanent et meurent dans vos jardinières ; — mais pour cela il faut apprendre un peu, — car l'eau qui sauvera l'une en humectant son pied sera mortelle pour l'autre et la noiera ; — celle-ci aime l'air et celle-là la chaleur. — Le tussilage, l'héliotrope d'hiver, meurt de ce qui fait fleurir le camellia, — de la chaleur de vos appartements.

Ne s'attacherait-il pas quelque chose qui tiendrait l'amitié à la plante qui fleurirait chez vous pour la seconde fois? — à celle qui vous devrait ses éclatantes couleurs et ses suaves parfums? — On aime ceux à qui on fait du bien. Les moralistes ont dit cent sottises en exigeant du dévouement de l'obligé ; —

c'est le bienfaiteur qui a tout le bonheur du bienfait, c'est lui qui doit et qui a la reconnaissance. — S'il l'attend, c'est un fou ; s'il l'exige, c'est un usurier.

Cette fleur que j'ai soignée, cette plante qui se penchait faible et languissante, à laquelle j'ai rendu la vie et la santé, — ce n'est plus une plante et une fleur, c'est ma fleur et ma plante à moi.

L'ombre est plus douce sous ces arbres que j'ai plantés moi-même ; — cette belle glycine aux grappes bleues si odorantes qui tapisse ma maison, je songe que c'est moi qui l'ai rendue si vigoureuse et si bien portante ; — c'est moi qui lui ai mis aux pieds cette bonne terre de bruyère qu'elle aime ; c'est moi qui l'ai palissadée au midi ; — ses parfums m'appartiennent mieux, et j'en jouis davantage ; elle a l'air si heureux ! sa végétation est si luxuriante !

Voilà une douce science, — une science permise, une science que le cœur cherche.

Ce n'est pas comme la botanique, — qui vous apprend à dessécher les fleurs et à les injurier en grec.

L'horticulture vous enseigne à les rendre plus belles et plus heureuses.

Reprenez aux hommes ce qu'on appelle encore en province le *sceptre de Flore*. — Ce n'est pas une femme qui aurait jeté ces pauvres fleurs dans les agitations politiques et dans les fureurs des partis.

Le lis et la violette ont été tour à tour triomphants et proscrits ; l'impériale a été guillotinée en 1815.

Ce n'est pas une femme qui ferait jouer ce rôle ridicule aux œillets rouges, — au moyen desquels certains hommes réussissent à faire croire, à dix pas, qu'ils sont décorés, et à faire voir, à trois pas, qu'ils sont des sots.

Créer des fleurs, — c'est le seul ouvrage pour lequel Dieu accepte des collaborateurs. — L'art a créé des fleurs ; quel doux orgueil s'il naissait une plante nouvelle semée par vous, — une plante qui n'existerait que dans votre jardin, — dont personne ne verrait les couleurs et ne respirerait les parfums que ceux à qui vous les donneriez, comme Dieu a donné les autres plantes à tout le monde.

Que d'autres savants découvrent une nouvelle planète qui ne nous donne rien, ni chaleur ni lumière, — mais qu'une femme découvre et crée une rose inconnue qui nous donnera un parfum nouveau !

J'ai connu deux amants qui, désunis par une triste destinée, — sont morts tous deux sans se revoir, après une longue séparation. Ils ne pouvaient s'écrire, — mais je ne sais lequel des deux eut une idée ingénieuse : sans exciter de soupçons, ils échangeaient de loin les graines des fleurs qu'ils cultivaient ; — ils savaient qu'à deux cents lieues de distance — ils prenaient les mêmes soins, — voyaient les mêmes fleurs s'épanouir dans la même saison et le même jour ; — ils respiraient les mêmes odeurs. — Ç'a été un bonheur et le seul bonheur de toute leur vie.

XXX

SUR LA TOILETTE

Beaucoup de femmes ramenaient hier leurs cheveux sur leur front, de telle façon qu'elles ne laissaient entre les deux bandeaux qu'une petite raie de chair et que les cheveux couvrent la moitié des sourcils. Le front était supprimé. — Aujourd'hui on le découvre tout entier, même celles qui n'en ont pas. La croupe se porte toujours au milieu des reins et continue à être dans les proportions les plus hottentotes. Quand on se rappelle que sous l'Empire elles avaient mis la ceinture sous la gorge ; qu'un peu auparavant elles avaient imaginé des coiffures au beurre et à la farine qui mettaient le visage au milieu du corps, on se dit que, si les femmes avaient fait la femme, c'est-à-dire que, si aujourd'hui la femme avait en réalité gardé tous les perfectionnements que les femmes ont successivement imaginés par la toilette, la femme serait un monstre assez hideux ; et, ce qu'il y aurait de pis, c'est qu'il faudrait l'aimer comme cela.

Il est singulier de voir les femmes arriver successivement dans un salon et se faire subir réciproquement un rapide et sûr examen de la tête aux pieds : il semble des combattants qui cherchent d'avance le défaut des armures de leurs adversaires. Chaque pièce de la parure est, en effet, une arme offensive et défensive : offensive contre les hommes, défensive contre les femmes.

La toilette est la cuisine de la beauté. Chaque femme, chaque jour, imagine des ragoûts pour ses charmes, qu'elle doit servir le soir à l'admiration affamée des regards.

Ou encore on peut dire que la beauté particulière est pour chaque femme un sonnet, qu'elle retouche tous les jours : elle ajoute, elle efface, puis elle le lit le soir devant les hommes et les autres femmes, qui sont des juges également prévenus en sens opposé. Le prix est payé en amour et en haine. La femme victorieuse tient autant à l'une qu'à l'autre de ces deux monnaies.

XXXI

MOTHER'S CLUB FASHIONABLE

Il est dans le jardin des Tuileries, entre une muraille élevée, tapissée d'une charmille, et un carré de fleurs et de gazons, un coin à l'abri du nord et exposé au soleil. Cette partie du jardin appartient, de temps immémorial, aux enfants et aux vieillards; tout le monde la connaît sous le nom de *petite Provence*. C'est une température exceptionnelle et un jardin à part dans le jardin des Tuileries. La toilette n'y est pas de rigueur : les douillettes les plus excentriques et les spencers des vieillards n'y causent aucun étonnement; les mères, tout en surveillant les jeux des enfants, lisent ou festonnent. Les jeux y sont libres et sans contrainte, et on y voit souvent un bon vieillard renvoyer avec sa canne une balle égarée ou un cerceau irrévérencieux, et se mêler en souriant aux jeux de cette génération qui va les remplacer et hériter successivement de leurs travaux, de leurs plaisirs, de leurs passions, de leurs chagrins et de leurs rhumatismes.

Mais certaines mères ont commencé par défendre à leurs enfants de jouer avec les enfants médiocrement vêtus ; puis elles ont fini par mettre un terme à une habitude qui exposait des enfants couverts de soie et de velours à n'avoir qu'un seul et même abri, un seul et même soleil, avec des enfants vêtus de blouses et de simples vestes de drap ; et elles ont abandonné avec leurs enfants la petite Provence, pour aller fonder, plus près du château, aux environs d'un des petits bassins, le *mother's club* fashionable, où, abusant du mot de Cornélie, mère des Gracques, qui disait en montrant ses enfants : « Voici mes bijoux et mes ornements, » elles ont fait d'une foule de petites créatures innocentes une collection de poupées, richement et bizarrement vêtues, une sorte de complément à leur propre parure, se piquant d'avoir des enfants bien mis, comme on se pique d'avoir un bel équipage et de beaux chevaux.

Il est vrai qu'il n'y a pas là l'abri de ce bon mur de la petite Provence qui arrête le vent et reflète le soleil, que l'air y est âpre et le soleil moins doux.

Ce n'était pas assez de couvrir leurs poupées vivantes de soie, de velours et de dentelles, les mères ont cherché à se distinguer encore d'autre façon : il a fallu avoir des *bonnes* excentriques, des mulâtresses avec le madras sur la tête, des Normandes avec le bonnet cauchois, des Provençales couvertes de paillettes. Dernièrement madame *** a eu un grand succès avec une bonne russe en costume national : un chapeau-diadème doré, et une sorte de cafetan en velours nacarat, relevé de passementeries d'argent.

On demande des Laponnes vêtues de peaux de renne, et des Hottentotes vêtues de leurs cheveux; elles auront de bons gages et des égards.

Il est vrai que ces enfants partagent la vanité des mères, mettent de la prétention dans leurs jeux, et deviennent de petits acteurs sur un théâtre.

Il est vrai que, entre ces petits masques habillés selon les plus vaniteux caprices, quelques-uns, déguisés en Écossais à jambes nues, sortant d'un appartement chaud, où ils ont les jambes couvertes, courent les plus grands dangers et sont parfois violets de froid; il est vrai que les petites filles de six ans jouent de la prunelle et paraissent prêtes à tout; il est vrai qu'à huit ans elles ont des airs langoureux et semblent désillusionnées et revenues des déceptions de la vie; il est vrai que toutes ces petites marionnettes sont trèsridicules, et reçoivent là une éducation de vanité qui en fera une génération sotte, incapable et insupportable ; mais le *mother's club* fashionable est constitué, et à coup sûr ce n'est pas pour l'amélioration des enfants.

FIN

TABLE

		PAGES
I.	OU L'AUTEUR ÉTABLIT LA MODESTIE DE SES INTENTIONS.	1
II.	S'IL Y A DES VIEILLES FEMMES.	21
III.	DE LA BEAUTÉ.	43
IV.	LA QUESTION DES CHIFFONS.	61
V.	LA NOBLESSE. — L'AMOUR ET LE MARIAGE. — LA FEUILLE DE FIGUIER. — LES HERMAPHRODITES. — LA ROBE BLEUE. — LA PESTE. — LE DIVORCE.	79
VI.	DEUX HISTOIRES. — UN SALMIS DE DENTELLE. — LES JEUNES FILLES. — PRODUIT DE LA DÉVOTION.	97
VII.	UTILITÉ DE L'HISTOIRE. — A L'ÉGLISE. — LES VISITES. — L'ÉDUCATION ET LA VIE. — LA BEAUTÉ ET LA MANIÈRE DE S'EN SERVIR. — L'AGE DES FEMMES. — L'AMITIÉ.	113
VIII.	LA MORALE DE PAPIER.	131
IX.	LES PRÉSENTATIONS.	145
X.	AUX MÈRES. — SUR L'ÉDUCATION DES ENFANTS. — L'ARGOT DES COUTURIÈRES.	153

TABLE.

		PAGES.
XI.	UN JEUNE HOMME.	173
XII.	ONZE VERS.	179
XIII.	UN DÎNER DE JEUNES GENS.	183
XIV.	LES ACTRICES. — LES VIOLETTES ROSES. — LA POLITESSE. — LE MAGISTRAT CORROMPU.	191
XV.	LE BEAU SEXE. — LA LUTTE. — LES BEAUX YEUX. — LES FRANÇAISES PEINTES PAR ELLES-MÊMES.	203
XVI.	A PROPOS DES CHEVEUX.	213
XVII.	SUR LA MODE. — LES FEMMES ET LES SINGES. — LA DÉCENCE DOIT ÊTRE TOUJOURS A LA MODE.	219
XVIII.	AU THÉATRE.	227
XIX.	LES GRANDES ET LES PETITES FEMMES.	231
XX.	UNE FAUTE DE BON SENS.	237
XXI.	LE BONHEUR.	251
XXII.	A PROPOS DE PEINTURE.	263
XXIII.	LES LOTERIES.	269
XXIV.	LES FEMMES ET LE DEUIL.	279
XXV.	COMME QUOI IL FAUT CÉDER AUX FEMMES. — LA MODE. — LES CANTIQUES. — LES FEMMES ET LA GUERRE.	295
XXVI.	LA FAUSSE MORALE.	313
XXVII.	UNE LOCUTION PROVERBIALE. — LES CONTES DE FÉES.	319
XXVIII.	A PROPOS D'UNE VIEILLE FEMME QUI FAISAIT DE LA CHARPIE.	325
XXIX.	UNE SCIENCE PERMISE.	335
XXX.	SUR LA TOILETTE.	341
XXXI.	MOTHER'S CLUB FASHIONABLE.	345

Coulommiers. — Imprimerie de A. MOUSSIN.

www.ingramcontent.com/pod-product-compliance
Lightning Source LLC
Chambersburg PA
CBHW062014180426
43200CB00029B/728